新时代科研事业单位管理干部队伍建设研究

张昊冉　黄得林　主编

中国农业科学技术出版社

图书在版编目（CIP）数据

新时代科研事业单位管理干部队伍建设研究 / 张昊冉，黄得林主编 . -- 北京：中国农业科学技术出版社，2021.8

ISBN 978-7-5116-5409-0

Ⅰ. ①新… Ⅱ. ①张…②黄… Ⅲ. ①科学研究组织机构-干部培养-研究-中国 Ⅳ. ①G322.2

中国版本图书馆 CIP 数据核字（2021）第 144374 号

责任编辑	徐定娜　倪小勋
责任校对	贾海霞
责任印制	姜义伟　王思文

出 版 者	中国农业科学技术出版社
	北京市中关村南大街 12 号　邮编：100081
电　　话	（010）82105169（编辑室）　（010）82109702（发行部）
	（010）82109709（读者服务部）
传　　真	（010）82106650
网　　址	http://www.castp.cn
经 销 者	各地新华书店
印 刷 者	北京建宏印刷有限公司
开　　本	170 mm×240 mm　1/16
印　　张	12.75
字　　数	193 千字
版　　次	2021 年 8 月第 1 版　2021 年 8 月第 1 次印刷
定　　价	48.00 元

◆ 版权所有·翻印必究 ▶

《新时代科研事业单位管理干部队伍建设研究》编写人员

主　　编：张昊冉　黄得林
副 主 编：龚康达　谢惠如
编写成员（按参与章节排序）：
　　　　　周瑶婵　彭宝丰　龚　殿　游凌翔
　　　　　那　晴　唐语琪　王思俊　韩玉娜

目 录

第一章 绪论 …………………………………………………… (1)
第一节 研究背景 …………………………………………… (2)
第二节 研究综述 …………………………………………… (3)

第二章 理论与概念阐述 ……………………………………… (7)
第一节 理论依据 …………………………………………… (8)
 一、为什么提出五个体系 ………………………………… (8)
 二、为什么要培养高素质干部 …………………………… (9)
 三、"五个体系"有什么内在联系 ……………………… (12)

第二节 五个体系的时代内涵 ……………………………… (13)
 一、素质培养体系 ………………………………………… (13)
 二、知事识人体系 ………………………………………… (14)
 三、选拔任用体系 ………………………………………… (16)
 四、从严管理体系 ………………………………………… (18)
 五、正向激励体系 ………………………………………… (20)

第三节 概念分析 …………………………………………… (22)
 一、新时代的含义、依据和意义 ………………………… (22)
 二、科研事业单位管理干部的含义、作用和现状 ……… (25)

第三章 素质培养体系建设 …………………………………… (27)
第一节 坚持高素质专业化 大力做好年轻干部工作 …… (28)
 一、高素质专业化干部队伍的时代内涵 ………………… (28)
 二、建设高素质专业化干部队伍的工作要求 …………… (31)

三、建设高素质专业化干部队伍的实现路径 ……………… (33)
　　四、高素质专业化干部队伍建设与大力做好年轻干部工作 …… (35)
第二节　做好源头培养、跟踪培养和全程培养 ……………… (37)
　　一、做好源头培养 ……………………………………………… (37)
　　二、做好跟踪培养 ……………………………………………… (39)
　　三、做好全程培养 ……………………………………………… (40)
　　四、切实开展优秀年轻干部发现、培养和使用工作 ………… (41)
第三节　素质培养体系实践探索以及对科研事业单位的启示 …… (44)
　　一、实践探索 …………………………………………………… (44)
　　二、现实思考 …………………………………………………… (49)
　　三、工作启示 …………………………………………………… (50)

第四章　知事识人体系建设 ……………………………………… (55)
第一节　怎样知事 …………………………………………………… (56)
　　一、掌握机构编制管理要求 …………………………………… (56)
　　二、掌握岗位设置管理要求 …………………………………… (58)
　　三、科学分析与评价岗位 ……………………………………… (61)
　　四、知事工作实践探索以及对科研事业单位的启示 ………… (66)
第二节　怎样识人 …………………………………………………… (69)
　　一、识人的传统文化 …………………………………………… (69)
　　二、识人与察人用人 …………………………………………… (74)
　　三、识人与干部考核 …………………………………………… (77)
　　四、识人工作实践探索以及对科研事业单位的启示 ………… (79)

第五章　选拔任用体系建设 ……………………………………… (85)
第一节　什么是好干部 ……………………………………………… (86)
　　一、好干部的时代内涵 ………………………………………… (86)
　　二、好干部选任标准的历史演变 ……………………………… (87)
第二节　怎样成长为好干部 ………………………………………… (89)

目 录

  一、自觉践行"四有"要求 …………………………………… (90)
  二、努力打造"四铁"队伍 …………………………………… (91)
  三、切实做到"五个过硬" ……………………………………… (93)
 第三节 正确选拔配备好干部 ……………………………………… (94)
  一、干部选拔任用的制度演变 ………………………………… (95)
  二、干部选拔任用的工作原则 ………………………………… (98)
  三、干部选拔任用的资格条件 ………………………………… (99)
  四、"七种能力"引领选人用人 ……………………………… (103)
 第四节 选拔任用体系实践探索以及对科研事业单位的启示 …… (105)
  一、实践探索 …………………………………………………… (105)
  二、现实思考 …………………………………………………… (112)
  三、工作启示 …………………………………………………… (116)

第六章 从严管理体系建设 ……………………………………… (119)
 第一节 加强党性修养 在作风上狠抓 ……………………… (120)
  一、用习近平新时代中国特色社会主义思想武装头脑 ……… (120)
  二、在干部"选育管用"中融合推进作风建设 ……………… (121)
  三、围绕中心任务深入推进党员干部作风建设 ……………… (124)
  四、"九个必须"提高党性修养和加强作风建设 …………… (125)
  五、科研事业单位加强党性修养和作风建设的思考和启示 … (127)
 第二节 做好监督管理 在严实上着力 ……………………… (129)
  一、新时代党的干部监督管理思想论述 ……………………… (129)
  二、新常态下干部监督管理机制体系构建 …………………… (132)
  三、切实加强干部日常监督管理工作 ………………………… (134)
  四、从个人有关事项报告看领导干部监督管理 ……………… (136)
  五、科研事业单位做好干部监督管理工作的思考和启示 …… (139)
 第三节 规范档案管理 切实对干部负责 …………………… (141)
  一、档案的定义 ………………………………………………… (141)
  二、干部人事档案的发展和管理 ……………………………… (142)

三、规范干部人事档案工作的重要性 …………………………（146）
四、干部人事档案管理工作现状 ……………………………（149）
五、科研事业单位规范档案管理工作的思考和启示 ………（150）

第七章 正向激励体系建设 ……………………………………（153）

第一节 激励保障机制 ……………………………………（154）
一、含义和意义 ………………………………………………（154）
二、激励机制在事业单位人力资源管理中的作用表现 ……（155）
三、事业单位人力资源管理中激励机制的开展策略 ………（156）
四、事业单位建立完善收入分配制度的实践探索 …………（157）

第二节 容错纠错机制 ……………………………………（160）
一、含义和意义 ………………………………………………（160）
二、建立容错纠错机制的现状条件 …………………………（162）
三、建立容错纠错机制的注意事项 …………………………（164）
四、建立容错纠错机制的路径方法 …………………………（166）

第三节 关心关爱机制 ……………………………………（168）
一、关心关爱基层一线干部 …………………………………（168）
二、关心关爱干部心理健康 …………………………………（170）
三、关心关爱实践组合拳招 …………………………………（172）

第四节 正向激励体系实践探索以及对科研事业单位的启示 ……（175）
一、实践探索 …………………………………………………（175）
二、现实思考 …………………………………………………（176）
三、工作启示 …………………………………………………（177）

参考文献 …………………………………………………………（181）

编写体会 …………………………………………………………（185）

第一章
绪 论

第一节 研究背景

改革开放40余年来,我国干部队伍建设不断发展。进入中国特色社会主义新时代后,习近平同志结合干部队伍建设所面临的新环境、新目标、新任务,继承并发展了党的干部队伍建设思想,对干部队伍建设作出了全面而深刻的论述,为新时代干部队伍建设与发展指明了方向并提出了要求,为各级党组织的高素质专业化干部队伍建设提供了遵循(李志 等,2018)。

伴随着改革开放和中国进入特色社会主义新时代,干部人事制度也被提上重要议事日程,并取得一系列规范系统的研究成果。党的十八大报告中强调"深化干部人事制度改革",党的十九大报告中指出"深化机构和行政体制改革,深化科技体制改革……事业单位改革"。党的十九大后,干部人事政策的发展权重得到提升,干部人事制度将呈现问题导向、创新导向、能力导向等特征……仅中共十九大之后的一年内,出台的涉及干部人事制度变革的政策就累计10项。综上可知,干部人事制度的不断改革、推进,为干部队伍的建设提供了充分的政策依据和制度保障。

科研事业单位作为我国事业单位的重要组成部分,是促进我国科技高水平自立自强的关键力量。科研事业单位的发展,不仅体现在科技创新水平上,而且与干部队伍和管理团队的建设密不可分,特别是在单位内部治理中,干部队伍和管理团队是推动单位事业发展的领导管理主体,是确保目标任务落实的运行服务中枢,也是科研工作顺利开展的组织力量。因此,在国家创新驱动发展战略和"放管服"改革的大背景下,开展科研事业单位干部队伍和管理团队建设方面研究,既是深化落实我国科研机构管理体制改革的具体举措,也有助于构建现代院所治理体系和治理能力现代化。

第二节 研究综述

本书系统研究了习近平同志指出的建立干部"素质培养""知事识人""选拔任用""从严管理""正向激励"5个体系，深入探讨新时代年轻干部工作经验方法。

一是素质培养体系建设，重点研究坚持高素质专业化，做好年轻干部工作、做好源头培养、做好跟踪培养、做好全程培养有关内容，以及有关实践探索和对科研事业单位的启示。二是知事识人体系建设，重点研究怎样知事和怎样识人，以及知事识人有关实践探索和对科研事业单位的启示。三是选拔任用体系建设，重点研究什么是好干部、怎样成长为好干部、正确选拔配备好干部，以及选拔任用实践探索和对科研事业单位的启示。四是从严管理体系建设，重点研究加强党性修养、做好监督管理、规范档案管理，以及从严管理实践探索和对科研事业单位的启示。五是正向激励体系建设，重点研究激励保障机制、关心关爱机制和鼓舞鞭策机制，以及正向激励体系实践探索和对科研事业单位的启示。

国内外关于科研单位管理干部队伍建设的系统研究并不多，通过收集梳理，比较具有代表性和启发性的研究主要如下。

文华（2011）认为，行政管理人员对组织发展极其重要，国内行政管理人员胜任力模型研究主要可划分为3类，即企业行政管理人员、政府行政管理人员、学校行政管理人员的胜任力模型研究。研究对象应更加多元化。就组织形态划分而言，至少可以划分为企业组织、事业组织、政府组织、军事组织、其他组织5类。国内现有文献对企业组织行政管理人员胜任力研究最成熟且应用最为广泛；对事业组织中的学校、体育等组织的行政管理人员胜任力有所研究，但对医院等一些重要事业组织的行政管理人员胜任力研究基本是空白；由于取样难等原因，对党政干部的能力研究也一直相对较少；由于军事组织的特殊性，对于军事组织中各级行政管理人员胜任力的研究鲜见文献；对于其他组织中的非政府或非营利组织行政管理人员胜任力研究也几乎是盲点。

胡修银等（2007）将国外和国内关于管理人员胜任特征理论研究具有代表性的理论观点进行总结，见表1-1和表1-2。

表1-1 国外管理人员胜任力理论研究主要代表成果

代表人	年份	维度数	典型构成要素
David McClelland	1970	3	人际敏感性、人的积极期望、正直
David McClelland	1994	5	信条与价值观、关注客户与市场、业务结果、创新等
Rechard Boyatzis	1982	19	6个特征群、19个胜任能力
Lyle M Spencer et al.	1993	20	6个类群、20项胜任能力
A M A	1975	5	专业知识、心智成熟、企业家成熟度等
美国盖洛普公司	1980	7	与他人相处的能力、正直、勤奋、业务知识等
Schroder, Cockerill	1989	11	信息搜索、概念形成、概念灵活、人际关系管理等
Hunt, Wallace	1998	3	长期战略导向、发展他人、解决实际问题思维等
Egbu Chartes	1999	4	行为、知觉、情感和思维胜任力维度
Don Hellriegel et al.	2000	7	自我管理、管理沟通、管理差异、管理道德能力等

表1-2 国内管理人员胜任力理论研究主要代表成果

代表人	年份	维度数	典型构成要素
顾琴轩	2001	19	痛恨官僚主义、开明豁达、战略性思维、正直等
时勘 等	2001	10	影响力、组织承诺、信息寻求、成就欲、团队领导等

(续表)

代表人	年份	维度数	典型构成要素
仲理峰 等	2002	11	权威导向、主动性、捕捉机遇、信息寻求、组织意识等
王重鸣 等	2002	8/6	价值取向、诚信正直、责任意识、权力取向等
王垒 等	2002	4	能力、社交性、动机或人格、情绪等
何志工	2005	4	绩效行为、知识—技能—态度、思考方式—思维定式等
彭剑锋	2005	4	专业素质、心理素质、职业操守素质和行为素质等

陈进等（2010）认为，有关TMT（Top Management Team，高层管理团队）的研究文献最早可以追溯到1938年Chester Barnard的管理学经典著作《管理人员的职能》。从那时起，研究人员开始探寻管理人员同组织效能之间的关系。

牛冲槐等（2009）认为，团队受个体理性局限、任务复杂、竞争激烈和市场不确定性等因素的影响，逐渐成为人们工作与学习的基本单元，并在生产实践活动中发挥着重要的作用，成为理论界研究的热点。其中，科研团队通常有3种组织形式：专职团队，独立于组织的日常运行，并保持财务的独立性；跨部门临时团队，其特点是研发工作与日常工作并行，在管理上注重部门协调；技术改进团队，其特点是范围小，方式灵活，但是注意把握项目运行的时机。团队领导、团队沟通、团队激励、团队任务特征、团队凝聚力、团队异质性、团队目标、成员个人目标和团队目标的关系是影响科研团队知识创新的主要因素。团队领导和团队目标是影响科研团队成功最重要的因素，而最不重要的因素是团队规模；团队领导应该具有很强的学术洞察力、社交能力、崇高道德风范和人格魅力，而对是否具有成功领导重大项目的经验和很强的时间管理能力没有过高的要求。

第二章
理论与概念阐述

第一节 理论依据

一、为什么提出五个体系

古人云："为政之要，莫先于用人"。在我国社会主义现代化建设过程中，领导干部自身素质和能力不仅关系到个人前途和命运，还在很大程度上关乎党和国家事业的发展。随着中国特色社会主义进入新时代，新形势、新目标、新任务对干部队伍的能力和素质也提出了新的、更高的要求。

党的十八大以来，国家高度重视组织工作，2013年全国组织工作会议上强调，要建设一支宏大高素质干部队伍，确保党始终成为坚强领导核心；2018年全国组织工作会议阐述了新时代党的组织路线：全面贯彻新时代中国特色社会主义思想，以组织体系建设为重点，着力培养忠诚干净担当的高素质干部，着力集聚爱国奉献的各方面优秀人才，坚持德才兼备、以德为先、任人唯贤，为坚持和加强党的全面领导、坚持和发展中国特色社会主义提供坚强组织保证。

党的十九大报告指出，中国特色社会主义进入新时代，我国社会主要矛盾已经转化为人民日益增长的美好生活需要和不平衡不充分的发展之间的矛盾。要实现全面建成小康社会这一目标，解决人民日益增长的对美好生活的向往与发展不平衡不充分的矛盾，需要有一大批高素质、强能力的领导干部作坚实后盾。综上可知，新时代党的组织路线，突出强调了用什么人、怎样用人的基本原则。

要贯彻新时代党的组织路线，建设忠诚干净担当的高素质干部队伍是关键，重点是要做好干部培育、选拔、管理、使用工作。如何培养这支忠诚干净担当的队伍，2018年7月3—4日，全国组织工作会议在北京召开，习近平总书记首次论述新时代党的组织路线，以五个体系建设高素质干部队伍：要建立源头培养、跟踪培养、全程培养的素质培养体系；要建立日常考核、分类考核、近距离考核的知事识人体系；要建立以德为先、任人唯贤、人事相宜的选拔任用体系；要建立管思想、管工作、管作风、管纪律的从严管理体系；要建立崇尚实干、带动担当、加油鼓劲的正向激励体系。

"五个体系"涉及干部培养、干部考核、干部选拔、干部管理、干部激励五个方面工作，为组织部门加强干部管理提供了重要抓手。建立科学的"五个体系"，对加强和改进干部选拔培养等工作，不断推进干部选拔培养等工作常态化、制度化，努力建设一支来源广泛、数量充足、结构合理、素质优良的优秀干部队伍，以及为决胜全面建成小康社会和建设社会主义强国提供了坚强的组织保证。

二、为什么要培养高素质干部

千秋基业，人才为本。党和国家历来高度重视选贤任能，始终把选人用人作为关系党和人民事业的关键性、根本性问题来抓。正确的政治路线要靠正确的组织路线来保证，我们党之所以能够始终保持强大的创造力、凝聚力、战斗力，成为革命、建设、改革事业发展的中流砥柱，团结带领人民战胜各种艰难险阻、取得一个又一个胜利，其中十分重要的原因就在于高度重视培养造就能够担当重任的干部队伍。

（一）古代中国怎么做

在古代，中国官吏的权力依附于皇权存在，是皇权的延伸。吏治的状况直接影响民众利益与社会安宁，吏治的成败关乎民心向背和国家兴亡。历朝历代的有为君主都对"吏治"尤为关注，产生了"吏不廉平，则治道衰""明主治吏不治民"等经典的古代吏治思想。同时，在对官吏的治理中，如何实现廉政是极其重要的一个方面，古代"吏治"作为中华法制文明的重要组成部分，内容涉及惩贪立法、考课、监察以及俸禄制度等诸多方面，历史上出现过的吏治清明盛世，多与这些制度的创立与运作分不开（倪丽丽，2013）。

(二) 近现代中国怎么做

中国共产党建党以来的发展历程中，干部队伍建设一直被置于党的建设核心地位，无论是革命时期还是中华人民共和国成立后，党的事业发展与干部培养工作均息息相关。

1. 新民主主义革命时期（1919—1949年）

新民主主义革命是无产阶级领导的，以反对帝国主义、封建主义、官僚资本主义为主的资产阶级性质的人民民主革命，从1919年的五四运动开始，中华人民共和国的成立标志着我国新民主主义革命的基本胜利。在新民主主义革命初期，党在进行工人运动的实践过程中，缺乏有领导能力的运动骨干，为改变领导人员素质普遍偏低的状况，尽可能培养出工人运动所需要的领导人员，党非常注重对党员干部的教育培训。在党的一大上通过的《中国共产党的第一个决议》中就提出，要在一切产业部门成立工人学校来提高工人的思想觉悟。在这一决议的要求下，各地相继建立起不同类型的工人学校，以此来提高工人理论水平和思想觉悟，这为党培养领导人才方面发挥了重要作用。中共安源地委党校建成并开学，是中国共产党历史上的第一所党校，这一时期各级各类党校成为党员干部接受教育和培训的主要阵地。抗日战争爆发后，大批优秀知识分子来到延安，为党提供了干部来源。党中央和毛泽东同志还创办了中国人民抗日军政大学、陕北公学、中共中央党校等培养抗日军政干部的学校，为革命培养了大批干部，为战争奠定了胜利基础。

2. 社会主义过渡时期（1949—1956年）

社会主义过渡时期是指从1949年中华人民共和国成立到1956年社会主义改造完成，是新民主主义社会向社会主义社会过渡的时期。夺取全国胜利后，党的主要任务已经由武装斗争转变为经济建设，由夺取政权转变为巩固政权，为了适应新形势新要求，我们党采取两条腿走路的方法，把军队变成工作队，同时组织大规模学习培训，造就一大批适应建设需要带领人民群众进行生产建设的高素质干部。这些干部深入人民群众，成为党联系群众的纽带，既是党的路线方针政策的宣传贯彻执行者，又是实现党的领导的决定性力量，还是反映人民群众意愿、集中群众智慧办大事的主力军。

3. 社会主义现代化建设时期（1978年至今）

党的十一届三中全会决定，把工作重心转移到经济建设上来，实行改革开放，并逐步确立了"一个中心，两个基本点"的政治路线，重新恢复了实事求是的思想路线，打开国门搞建设。新任务急需大批懂经济、会管理的专业性干部，干部队伍建设摆在了首位，善于发现、提拔以至大胆破格提拔中青年优秀干部成了重要工作。党的十二大结束后，省级以下机构改革启动，为推动改革，采取了两个1/3措施提拔中青年专业干部，即各级常委委员中50岁以下的占1/3，大学文化程度的占1/3。

（三）放眼世界怎么做

建设高素质干部队伍，在其他国家的历史发展进程中也发挥了重要作用。列宁在领导俄国人民进行无产阶级革命的过程中十分重视干部队伍的建设问题，并在领导无产阶级革命和国际共产主义运动的实践过程中形成了丰富的理论体系。日本政府十分重视公务员的职业道德培养，形成了集伦理教育培养、法律法规约束、监督问责保障为一体的培养机制。例如，在教育培养方面，针对不同级别公务员开设不同类别研修班；在研修课程设计方面，除了开设理论研修外，还安排道德实践模块；在业务能力培养方面，实施定期或不定期的轮岗。

三、"五个体系"有什么内在联系

素质培养体系、知事识人体系、选拔任用体系、从严管理体系和正向激励体系这"五大体系"是环环紧扣、相互联系的有机整体。其中，素质培养是前提，好干部是教育出来的，是培养出来的，必须始终重视干部的素质培养和能力锻造；知事识人是基础，知专长、知短板才能用得对，看得准、考得实才能用得好；选拔任用是关键，选好一个就能带动一批、影响一群，用错一人则会打击一片、祸害一方；从严管理是必然要求，严是爱、松是害，好干部是选出来的，也是管出来的；正向激励是保障，有鼓励担当的导向才能激发敢于担当的激情，有保护担当的制度才能形成人人担当的氛围（万能武 等，2019）。

"五大体系"既相对独立、各有侧重、自成一体，又彼此关联、环环紧扣、缺一不可，需要统筹考虑。紧扣建设忠诚干净担当的高素质干部队伍这一总目标，培养要突出政治素质，识人要善于抓住本质，选拔要坚持事业为上，管理要重在日常经常，激励要强化干事导向，一盘棋谋划、一张网布局，不能单打独斗、各行其是，既要从总体上布局干部工作，也要在各个体系上系统安排。比如，关于素质培养体系，在时间上，从干部队伍源头上就要开始培养，不能等到提拔时再来培养，而且培养要跟随干部成长全过程；在对象上，针对不同类别干部分类制定培养计划，分系统实施跟踪培养，真正把干部素质培养体系落到实处。关于选拔任用体系和正向激励体系，前者的正确实施为后者提供了基础，只有树立了"以德为先、任人唯贤"的选拔任用风气，正向激励才有了基本的政治保证，否则对于真正干事创业的老实人，正向激励就无从谈起。

第二节 五个体系的时代内涵

一、素质培养体系

（一）什么是素质培养

对干部进行素质培养，首先要弄清楚干部素质是什么？一个合格的、高素质的干部，需要具备哪些能力？干部素质是一个综合概念，包括政治素质、业务能力素质、身体素质和心理素质等方面，不同历史时期，干部素质的定义和内涵也有所区别。例如，革命时期，高素质干部要求有勇有谋，能打胜仗。干部素质的培养和提高也是一个长期过程，不是一朝一夕可以完成的，提高干部队伍的综合素质需要建立源头培养、跟踪培养、全程培养的素质培养体系。

（二）为什么要建立素质培养体系

1. 必要性

源头培养就是为了守住"初心"，这是干部理想信念的源头，只有清本正源，在干部萌芽时期从理想信念、世界观和人生观的教育入手，才能使干部接下来的路走得正、走得长。跟踪培养就是为了及时发现问题、矫正错误，在干部不同人生阶段和不同工作岗位上，及时进行跟踪考察和评估，尽快从实践中发现问题和短板。全程培养就是要细水长流，切忌一蹴而就、一劳永逸，根据时势变化和实际需要，及时调整培养方向。

2. 意义

源头培养，就是教育广大干部要坚定理想信念和宗旨意识，树立正确的世界观和人生观，确保政治干净、思想纯净、信念坚定，筑牢干部成长的信仰之基、从政之基。跟踪培养，就是以问题为导向，做到有针对性地补齐短板，强化胜任不同岗位要求，提高执政能力。当然，除了能力跟踪外，干部在成长过程中也会遇到各种诱惑，这就需要强化对干部政治素养、法治素养的跟踪培养。全程培养，就是要注重培养的系统性、持续性、针对性，创造条件、搭建平台、优化路径，把坚定理想信念、改善知识结构、提高能力素质贯穿于干部成长的全部阶段。

3. 由今溯古

古人云：修身齐家治国平天下。古人认为，只有先通过修养身心，使君主和官吏们的内心纯真善良，品行端正高尚，人格威武不屈、贫贱不移、富贵不淫，才能达到治家、治国、治天下的良好效果。古代封建帝王对官员的教育和培养，主要体现为政治思想和道德操守的教育和培养，形成了"仁、义、礼、智""忠、信、诚、勇""勤、俭、节、廉"等伦理道德观念，对官员进行"仁、义、廉、耻"等朝廷教育（倪丽丽，2013）。

4. 由内看外

苏联在社会主义建设过程中非常重视干部素质培养。十月革命胜利后，党内部分工作人员知识文化水平低且缺乏管理能力，如何提高干部的领导能力和水平，更好地管理国家各项事业成为一大问题，为了给干部搭建良好的理论教育平台，成立了专门的干部教育学校，以此作为教育和培养党政干部的重要阵地，并在强调加强理论教育的同时，要求干部努力学习科学文化知识，增强管理国家事务的能力和水平。

二、知事识人体系

（一）什么是知事识人

通俗地说，"知事"就是知道、掌握事情干得好不好，干得怎么样；

"识人"就是全方位地了解某个人好不好,具备一双"看人"的慧眼。把"知事识人"放在干部工作体系里,就是能够结合干部的政治表现、领导水平、履职情况、工作成效等实绩表现,识别出新时代需要的好干部。信念坚定、为民服务、勤政务实、敢于担当、清正廉洁的好干部标准中,德才兼备是贯穿始终的价值主线,为民奉献是始终不变的价值底色。知事识人,就要全方位、多渠道考察了解干部政治忠诚、政治定力、政治担当、政治能力、政治自律等方面的表现。

(二) 为什么要建立知事识人体系

1. 必要性

知事识人历来不易。知事不深,以事择人就会雾里看花;识人不准,选贤任能难免失真偏颇。为了避免出现"成绩大家用,问题无人担""干与不干一个样、干多干少一个样"等问题,激励提高干部担当作为、干事创业的积极性,只有建立健全科学合理的考评机制和评价体系,实现能者上、优者奖、庸者下、劣者汰,才能让高素质干部踊跃呈现。

2. 意义

如何知事识人,要做到日常考核、分类考核、近距离考核,通过行之有效的考核评价体系来实现,通过经常性考核"知事"和分类考核、近距离考核精准"识人",透过事件本身、问题本质,因事识人、以事择人,不断增强考核评价的科学性、精准性和实效性。"日常考核"意在加强经常性考核,动态、及时地了解和掌握干部一贯表现,以便作出立体、全面的评价。此外,经常性考核还有助于组织对干部重点工作任务完成情况进行分析研判。"分类考核"意在"精准",考核评价工作重在"准",也难在"准",如何做到"准",要根据不同部门、不同岗位的实际,设置不同的考核要求。"近距离考核"意在"深入",干部的形象从"干"中来,能力素质也在"干"中塑造,要真正了解一个干部的思想动态,应该深入一线，加强延伸了解。

3. 由今溯古

从先秦到清朝，虽然历朝历代都有自己的考核特点，但总的来说都包含对官吏自身的要求，对农业生产、户口情况、财政收入、社会治安和能否发现人才等方面内容，主要体现为不定期考、定期考和逐级考等。考核制度始于商朝，官吏就任以后，三年一次进行考核，主要考核政务、管理、法纪3个方面，通过对官员的政治能力、管理水平等进行鉴定。唐宋时期，官吏考核走向鼎盛，考核制度也比较系统完备，适应中央集权制的考核体系也逐步建立起来（陈智，2016）。

4. 由内看外

美国联邦政府每年对高级公务员的关键要素进行考核，为每一个等级的绩效都界定了标准行为，在考核时比较简便易行。分为5个考核等级：一级（不称职）、二级（基本称职）、三级（完全称职）、四级（非常称职）、五级（杰出）。如果高级公务员的绩效考核结果欠佳，相关机构必须采取以下措施：第一，重新安排、调动或解聘最终评级为一级的高级公务员；第二，解聘三年期间内至少两次最终评级低于三级的高级公务员；第三，解聘五年内两次最终评级为一级的高级公务员（方振邦 等，2016）。

三、选拔任用体系

（一）什么是选拔任用

《贞观政要》讲："为政之要，惟在得人，用非其才，必难致治。今所任用，必须以德行学识为本"。党的干部是党和国家事业的中坚力量，在革命、建设和改革的历史进程中起着中流砥柱的作用。如何得人，归根结底就是要建立健全选拔任用机制，明确如何选人的问题。选拔任用领导干部必须克服理想信念动摇、信仰迷茫、精神迷失等问题,旗帜鲜明抵制和反对关系学、官场术、潜规则等庸俗腐朽文化,选人用人工作要特别关注心系群众、埋头苦干、不拉关系、不走门子的老实人、正派人,建立以德为先、任人唯贤、人事相宜的选拔任用体系。

(二) 为什么要建立选拔任用体系

1. 必要性

选拔任用干部是干部队伍建设中基础关键的环节。改革开放以来,中国逐步破除了领导干部职务终身制,同步建立起干部离退休制度,从环境建设上为领导干部选任制度改革打下了基础。进入新时代,进一步完善干部选拔任用机制,大力培养选拔新时代好干部,是贯彻党的组织路线、加强党的建设的必然要求,更是激励广大干部新时代新担当新作为的题中之义。

2. 意义

为了避免考察过程走形式化、考察失真、能上能下机制不健全、队伍老龄化严重、任人唯熟唯亲和圈子文化等问题,必须建立健全的选拔任用体系。在使用干部的问题上,存在两条对立的路线:一条是任人唯贤的路线,另一条是任人唯亲的路线。前者是正派的路线,因此,要坚持五湖四海、任人唯贤,广开进贤之路,把"德"和"贤"作为评判一个干部能否胜任岗位的决定性因素。

3. 由今溯古

中国古代官吏选拔制度主要包括世卿世禄制、察举制、九品中正制、科举制等。其中,科举制是中国古代主要的选官制度,自隋唐至清末,维持了1 300余年之久。世卿世禄制主要存在于夏、商、西周的奴隶社会,本质就是"任人唯亲",严重抑制了人才的涌现和国家进步。之后,经历了秦汉时期的察举制、魏晋南北朝时期的九品中正制,从隋朝开始,科举制度便一直延续了下来，定期进行统一考试，根据成绩授予不同官职。科举制在很大程度上对门阀世族世袭做官的特权做出了较为彻底的否定，为贫苦大众子弟进入仕途为官开创了先河。

4. 由内看外

苏联为了选拔出优秀的干部人才，采取了一系列措施。在选任干部的方式方面，强调采取公开选举，防止选人用人过程中暗箱操作行为，尽可能扩大选举范围，广泛征求群众意见，将那些真正有能力、赢得群众信赖的人选拔进入干部队伍。在选择干部的标准方面，坚持德才兼备的原则，不仅需要领导干部具有熟练的专业能力，更要有崇高的思想政治品德。在选人范围方面，重视对青年干部的选拔使用，打破"经验论"等陈旧观念的束缚。

四、从严管理体系

（一）什么是从严管理

好干部是选出来的，更是管出来的。从严管理，就是对选出来的干部严格要求和管理，建立健全干部监督制度，防止出现重选拔、轻管理的现象。管思想就是要加强党的思想建设，坚定共产党员理想信念，将理想信念教育作为思想建设的战略任务，切实管好党员干部的"总开关"问题。加强党的思想建设，就是要坚持正确理论武装头脑，不断提高党员干部的马克思主义理论素养，以习近平新时代中国特色社会主义思想指导实践、推动工作。管工作就是要求领导干部狠抓落实，敢于担当作为。管作风就是要努力保障先进性和纯洁性，杜绝"四风"问题。管纪律就是把权力关进制度的笼子，让党员干部知敬畏、存戒惧、守底线，习惯在受监督和约束的环境中工作生活。

（二）为什么要建立从严管理体系

1. 必要性

民心是最大的政治。党员领导干部要牢固树立理想信念，补足精神之钙，挺起共产党人的精神脊梁，真正做到忠诚于党、忠诚于人民、忠诚于信仰。管思想、管工作、管作风、管纪律，可以说是对一个干部从内到外、全方位、无死角的监督管理，体现了行为管理和思想管理的高度统一，把工作圈管理和社交圈管理相衔接，把八小时之内的管理和八小时之外的管理相贯通，让日常监督成为常态，使思想警钟、咬耳扯袖、红脸出汗成为常态，这不仅是对干部的厚爱，更是对党的事业的高度负责。

2. 意义

领导干部作风如何，对党风政风乃至整个社会风气具有重要影响。领导干部时时处处以身作则，就能产生强大的示范效应，反之会对党的形象和威严造成严重伤害。党的十八大以来，"严"字当头成为管党治党最鲜明的特点，"严管"体现为真管真严、敢管敢严、长管长严，比如，把个人事项报告制度纳入全面从严治党整体设计，体现了日常管理监督抓早抓小；把干部人事档案审核纳入干部提拔考察，织密制度笼子防止"带病提拔"；强化党内监督、群众监督、舆论监督等各类监督形式等。

3. 由今溯古

对官吏的"监察"与"监督"是中国古代"吏治"建设中不可分割的重要组成部分。我国最早的监察制度起源于战国，正式形成于秦汉，中经唐宋直至明清，通过最初对官员的简单监督形式到监察监督内容、形式、对象、方式等逐渐扩大化，最后形成了一套完备严密的吏治体系，主要分为3种类型：一是最高监察机关或专门官员对中央政府各部门公务和朝廷文武百官权力的监察监督；二是专门机构或专职官员"代天子巡狩地方的巡察与访察"；三是基层人民群众对地方官员的监督（倪丽丽，2013）。

4. 由内看外

新加坡是反腐败成功的典型国家,《防止贪污法》是新加坡政府专门针对防止与惩处腐败制定的法律,包括对举报人的保护、对各种罪犯的量刑标准等内容,使干部贪污犯罪得不偿失,使公职人员从成本收益的角度对贪腐望而却步。此外,新加坡的公务员还需接受日常品德考核,包括日常记录考核和跟踪行为考核。这种相对严格的品德考核使公务人员对自身廉洁不能懈怠,时刻对腐败行为保持着高度警惕,同时制止了庇护关系。

五、正向激励体系

(一) 什么是正向激励

"激励"是"激发使振作",对干部的正向激励,就是遵循人的行为规律,运用物质和精神相结合的手段,采取有效的方法,最大限度地激发干部工作的积极性、主动性和创造性,以保证组织目标的实现。2018年,中共中央办公厅印发了《关于进一步激励广大干部新时代新担当新作为的意见》,在"满怀热情关心关爱干部"中,提到要"政治上激励、工作上支持、待遇上保障、心理上关怀,增强干部的荣誉感、归属感、获得感",具体包括"完善和落实谈心谈话制度,注重围绕深化党和国家机构改革等重大任务做好思想政治工作,及时为干部释疑解惑、加油鼓劲""健全干部待遇激励保障制度体系,完善机关事业单位基本工资标准调整机制,实施地区附加津贴制度,完善公务员奖金制度,推进公务员职务与职级并行制度,健全党和国家功勋荣誉表彰制度,做好平时激励、专项表彰奖励工作,落实体检、休假等制度"。概括来说,就是要在情感层面予以关心,关注干部的心理健康;在生活方面提供物质保障,关心干部的正常福利和合法权益。

（二）为什么要建立正向激励体系

1. 必要性

对干部既从严要求又真诚关爱,是我们党管理干部的重要经验和优良传统。心理学上著名的"毕马龙效应"表明（人会期待别人对我们好印象,就会认真地表现良好行为；若期待别人讨厌我们,就会随便表现。亦即"人重视我,我自重；人爱我,我自爱"）,一个人被赋予怎样的期待,给予多大的激励与关注,将在很大程度上影响他的工作成效。正向激励有利于营造"比、学、赶、超"的良好竞争环境和你追我赶的干事氛围。

2. 意义

正向激励有利于调动工作积极性。心理学研究发现,正向激励对人的激励作用较大,人们在心理上对鼓励或支持自己的行为会有更多的认同感,从而产生极大的内部推动力。加强正向激励,是干部管理工作十分重要的方法和手段,是干部成长和工作过程中不可缺少的重要因素,可以正确引导干部工作动机,调动干部工作热情和积极性。正向激励有利于提升人生价值,组织或领导肯定某种动机和行为,就表明了什么样的动机和行为受到尊重,什么样的精神和风格得到赞扬,以此指引怎样取得成功。正向激励有利于增强凝聚力,树立组织或单位的正气,增强对组织的信任感,密切上下级关系,协调人际关系、化解矛盾和纠纷。

3. 由今溯古

俗话说"赏罚分明",古代帝王在治理国家时,为了激励官员忠于职守,也会"论功行赏"。例如,明代赏赐的类型主要有3种：一是恩惠类赏赐,主要是指皇帝在特定的时间、事件或者场合对官员进行的具有明显恩惠性质的赏赐,包括庆典赏赐、节日赏赐、丧葬赏赐、考满赏赐、祭祀赏赐等。二是事功赏赐,是指官员通过建功立业获得的赏赐,代表性的有军功赏赐、工程营建赏赐、编修书籍赏赐等。三是德行赏赐,是指官员因品行优良而获得的赏赐，代表性的是忠行之赏和孝行之赏，赏赐的内容有名誉赏赐（赐爵、赐勋、赐封号等）和物质赏赐（货币、食物、章服、宅田、奴婢等）。通过赏赐，增强君臣感情，加强王朝凝聚力；树立道德楷模，营造良好社会风气；改善官员生活，促进国家廉政建设等（李争杰，2019）。

4. 由内看外

20世纪80年代以来，一些西方发达国家积极实施公共行政改革，将马斯洛需求层次理论、波特和劳勒的综合激励模型理论等研究成果，有机运用到公职人员正向激励环节中，强调以人为本，以提升行政效能为目的，综合运用多元化激励手段，不断提高公职人员的职业荣誉感和事业心。比如，日本设立了总理表彰奖、大臣表彰奖、长官表彰奖、业绩表彰奖、功劳章等不同层级的荣誉，并作为晋升职位或提高薪金依据；美国联邦政府设立质量优秀奖、特殊成绩奖、节约奖、建议奖等，表彰有突出工作表现的公务员（杨立平，2016）。

第三节 概念分析

一、新时代的含义、依据和意义

（一）新时代是从什么时候开始的

十九大报告中指出，经过长期努力，中国特色社会主义进入了新时代，这是我国发展新的历史方位。十九大报告提出了中国发展新的历史方位——中国特色社会主义进入了新时代，这是一个重大判断。每个时代的发展都是量变到质变的过程，时代的每次转变也都是量变积累达到质变的结果，同时又开启了新的量变。中国特色社会主义进入新时代，并不是十九大前后的某一个时间点，而是经过了从量的积累到质的飞跃的一个发展阶段。

有人认为，党的十九大才开启中国特色社会主义新时代，其实不然，新时代是从党的十八大开启的。首先，习近平新时代中国特色社会主义思想的历史起点是十八大，特别是其理论原点、探索实践均始于十八大，成熟完善于十八大至十九大之间，今后仍将与时俱进。其次，新时代社会主要矛盾转化的判断始于十八大。社会主要矛盾是时代特征的最集中体现，以习近平同志为核心的党中央从十八大开始就已敏锐把握社会发展的趋势特点，意识到人民群众在民主、法治、公平、正义、安全、环境等方面的要求在日益增长，社会主要矛盾在转化。最后，新时代的总任务脱胎于十八大，"中国梦"等奋斗目标源自十八大。

（二）新时代的论断依据

新时代是个新阶段，同改革开放 40 余年来的发展既一脉相承，又有很大不同：党和国家事业发展从指导思想、理念思路、方针政策、体制机制、根本保证到社会主要矛盾、社会环境、外部条件等各方面都发生了巨大变化，呈现的发展水平和发展要求也更高，党中央准确把握这些新的时代特征，作出了"新时代"的科学论断（舒畅，2019）。

1. 历史性变革推动中国特色社会主义进入新时代

党的十八大以来，我国经济保持中高速增长，在世界主要国家中名列前茅，国内生产总值稳居世界第二，对世界经济增长贡献率超过 30%，对外贸易、对外投资、外汇储备稳居世界前列；我国全面深化改革取得重大突破，重要领域和关键环节改革取得突破性进展，中国特色社会主义制度更加完善，国家治理体系和治理能力现代化水平明显提高，全社会发展活力和创新活力明显增强。党和国家事业取得历史性成就、实现历史性变革，我国发展站到了新的历史起点上，中国特色社会主义进入了新时代。

2. 社会主要矛盾的变化促使中国特色社会主义进入新时代

改革开放 40 余年来，我国社会的主要矛盾已经转化为人民日益增长的美好生活需要和不平衡不充分的发展之间的矛盾。社会主要矛盾的变化集中反映了我国社会发展的阶段性特征，是关系全局的历史性变化，标志着中国特色社会主义进入新时代，对党和国家工作提出了许多新要求。经济建设依然是党和国家的中心工作，但需要在继续推动发展的基础上，着力解决好发展不平衡不充分的问题，注重提升发展质量和效益，注重全面发展。

3. 马克思主义中国化的新飞跃引领中国特色社会主义进入新时代

随着经济社会发展取得重大成就，中国日益走近世界舞台的中央，国际地位和国际影响力大大增强，同时，世界也面临千年未有之大变革。党的十八大以来，在以习近平同志为核心的党中央坚强领导下，党的执政方式和基本方略有重大创新，发展理念和发展方式有重大转变，党的理论创新实现了新的飞跃，逐渐形成了习近平新时代中国特色社会主义思想，开辟了马克思主义中国化的新境界，成为全党全国人民为实现中华民族伟大复兴而努力奋斗的行动指南，引领着中国特色社会主义进入到新的发展阶段。

（三）新时代的意义

新时代意味着新起点、新任务、新要求，提出中国特色社会主义进入了新时代，不是一个简单的说法，而是一项关系全局的战略考量。全党要提高战略思维能力，不断增强工作的原则性、系统性、预见性、创造性，按照新时代要求制定党和国家大政方针，完善发展战略和各项政策，把中国特色社会主义不断推向前进，是我们党团结带领全国各族人民开创光明未来的必然要求。

党的十九大报告中的"三个意味着"对中国特色社会主义进入新时代的重大意义进行了集中概括。一是从中华民族发展史特别是实现中华民族伟大复兴历程来看，中国特色社会主义进入新时代，意味着近代以来久经磨难的中华民族迎来了从站起来、富起来到强起来的伟大飞跃，迎来了实现中华民族伟大复兴的光明前景。二是从世界社会主义发展历程来看，中国特色社会主义进入新时代，意味着科学社会主义在21世纪的中国焕发出强大生机活力，在世界上高高举起了中国特色社会主义伟大旗帜。三是从人类发展史来看，中国特色社会主义进入新时代，意味着中国特色社会主义道路、理论、制度、文化不断发展，拓展了发展中国家走向现代化的途径，给世界上那些既希望加快发展又希望保持自身独立性的国家和民族提供了全新选择，为解决人类问题贡献了中国智慧和中国方案（陈理，2019）。

二、科研事业单位管理干部的含义、作用和现状

（一）含义

1. 科研事业单位

事业单位是相对于企业单位而言的，是以政府职能、公益服务为主要宗旨的一些公益性单位、非公益性职能部门等，参与社会事务管理，履行管理和服务职能，宗旨是为社会服务，主要从事教育、科技、文化、卫生等活动。其中，从事科技活动的事业单位就是科研事业单位，主要分为自然科学研究事业单位、社会科学研究事业单位、综合科学研究事业单位和其他科技事业单位。科研事业单位是我国科技服务的主力军，是科研创新基地和干部人才培养的主体。

2. 科研事业单位管理干部

科研事业单位管理干部是指在研究所领导层级与基层科研单元（研究室、科研团队和课题组）之间的主要从事行政管理、科研管理，以及为基层科研工作者提供服务的工作人员，是联系上下级的桥梁和纽带。对领导

而言，管理干部是接受研究所领导布置任务的下属，是给所领导出谋划策的参谋员，更是具体工作任务的推动者和执行者。科研事业单位的日常管理和常规工作主要靠管理干部完成，管理干部过硬得力，工作落实就顺利，工作成效就显著；管理干部软弱无能，就会出现"中梗阻"，工作推进就困难，工作效能就低下。在科研事业单位的运行管理中，管理干部是推动单位发展的中坚力量，是确保上级指示落实到位的关键环节，大力选拔培养优秀年轻管理干部，统筹推进干部队伍建设，已经成为科研事业单位建设的迫切需要，对我国科技事业的长远发展至关重要（尚辰 等，2019）。

（二）管理干部队伍建设

我们党历来高度重视选贤任能，始终把选人用人作为关系党和人民事业的关键性、根本性问题来抓。科研事业单位要与时俱进，立足实际，着眼长远，把培育选拔管理干部作为重点战略工程来抓，着力围绕素质培养、知事识人、选拔任用、从严管理、正向激励这五大体系上下功夫，助力一批德才兼备的优秀年轻管理干部走上关键岗位，为提升科研单位的整体创新水平和竞争实力提供坚强的组织保证。

提升科技创新能力的核心在于人才。2018年两院院士大会中指出，创新驱动的实质是人才驱动，人才是创新的第一资源。科研事业单位肩负着引领国家科技创新的重任，科研事业单位的发展，不但体现在科技创新水平上，而且与干部队伍和管理团队的建设密不可分，特别是在单位运行管理中，干部队伍和管理团队是推动单位事业发展的强大力量，是确保上级指示落实到位的重要环节，也是科研工作创新开展的基本条件。要引领科技创新事业走在世界前列，就必须打造出一支有创新意识、创新精神和创新能力的农业科研领域干部人才队伍，就必须认识到干部人才队伍建设是衡量农业科研院所科技竞争力的关键指标，关系到农业科研单位科技事业的发展前途。

第三章
素质培养体系建设

第一节 坚持高素质专业化 大力做好年轻干部工作

要高度重视提高干部的专业化水平问题，领导工作要有专业思维、专业素养、专业方法。2016年1月，习近平总书记在省部级主要领导干部学习贯彻党的十八届五中全会精神专题研讨班上指出："把握新发展理念，不仅是政治性要求，而且是知识性、专业性要求，因为新发展理念包含大量充满时代气息的新知识、新经验、新信息、新要求。如果只是泛泛知道其中一些概念和要求，而不注重构建与之相适应的知识体系，知其然不知其所以然，讲话办事就会缺乏专业水准。"党的十九大报告明确提出"建设高素质专业化干部队伍"的目标要求，强调注重培养专业能力、专业精神，增强干部队伍适应新时代中国特色社会主义发展要求的能力。

一、高素质专业化干部队伍的时代内涵

干部队伍的素质和专业要求是一个内涵丰富的概念。就基本素质看，主要包括政治素质、思想素质、道德素质、业务素质、能力素质、心理素质和身体素质等。其中，政治素质是根本，思想素质是灵魂，道德素质是基础，业务素质、能力素质是必备，心理素质、身体素质是保障。就专业要求看，当前主要包括政治领导方面的专业能力、改革创新方面的专业能力、科学发展方面的专业能力、依法执政方面的专业能力、群众工作方面的专业能力、狠抓落实方面的专业能力、驾驭风险方面的专业能力等。干部队伍的专业化主要是增强干部队伍适应新时代中国特色社会主义发展要求的能力，解决能力不足、本领不够的问题。高素质专业化干部队伍，首先是高素质，以高素质统领专业化。高素质中第一位是政治素质要高；专

业化是指政治过硬、具有领导能力的专业化（陈孝胜，2020）。

（一）高素质专业化干部队伍的时代意义

建设高素质专业化干部队伍是干部个人成长的需要。既要政治过硬，也要本领高强是新时期下对广大干部提出的新要求。提高解决实际问题能力是应对当前复杂形势、完成艰巨任务的迫切需要，也是年轻干部成长的必然要求。建设高素质专业化干部队伍是事业发展的需要。全面深化改革是一场新的革命，需要探索试验，如果不加区分，不包容失误，某种程度上就会束缚干部干事创业的主动性和创造性。中国特色社会主义进入新时代，特别是2020年新冠疫情暴发，充分彰显了我国社会主义制度的优势性，也衍生了许多有价值的思考和理念，各项工作对干部队伍提出了越来越高的要求。

（二）高素质专业化干部队伍的主要体现

1. 干部队伍的高素质怎么体现

（1）理想信念坚定：思想建设是党的基础性建设，共产主义远大理想和中国特色社会主义共同理想，是中国共产党人的精神支柱和政治灵魂，也是保持党的团结统一的思想基础。深刻领悟习近平新时代中国特色社会主义思想，用习近平新时代中国特色社会主义思想武装头脑、指导实践，作为科研事业单位的高素质干部要学习运用好习近平新时代中国特色社会主义思想这一强大思想武器，提高推动工作实践、解决实际问题的能力。

（2）政治觉悟要高：要坚持把政治建设摆在首位；坚决维护习近平同志在党中央和全党的核心地位、坚决维护党中央权威和集中统一领导，在思想上政治上行动上同以习近平同志为核心的党中央保持高度一致。要把讲政治融入学习、工作、生活的方方面面，融入日常行为举止中，坚定执行党的政治路线，严格遵守政治纪律和政治规矩，切实转变作风，狠抓工作落实，以求真务实的作风做好本职工作，努力提高政治素养，强化政治意。

（3）道德修养要好：好的道德修养既是党永葆先进性的内在要求，也是个人素质提升的必然选择。新时代党的组织路线提出党的干部必须常修为政之德，要求坚持经常性自我教育，具有严于律己、宽以待人的共产党人的政治操守，具有为人民服务的价值理念，具有做事正派的行为作风，具有严以自律的职业素养，具有超过常人的战略眼光和开阔视野，在工作中善于协调与内外部环境的关系，善于与他人同心协力，能够见贤思齐，取长补短，增强团队精神，能够把握和顺应历史发展的潮流和趋势。

（4）综合素质要强：高素质干部必须具有求真务实、刻苦钻研的优良学风，努力增强理论思维，具有善于运用马克思主义理论与方法来分析和解决实际问题的能力；不断拓宽知识面，不断提高见识胆识。既重视中外高科技方面、文艺方面知识，又善于学习公共管理、公共行政方面知识，更要重视在实践经验中提炼的多方面经验积累，增强知识的综合运用和创新能力。

2. 干部队伍的专业化怎么体现

（1）业务要专：随着我国发展领域不断拓宽、分工日趋复杂、国际国内联动更加紧密，对党领导发展的能力和水平提出了更高要求，对干部队伍专业化和精细化也提出了越来越高的要求。各级领导干部要加快知识更新、加强实践锻炼，使专业素养和工作能力跟上时代节拍，努力成为做好工作的行家里手；如果只是泛泛知道其中一些概念和要求，而不注重构建与之相适应的知识体系，知其然不知其所以然，讲话办事就会缺乏专业水准。

（2）思维要专：党的十八届五中全会强调，无论是分析形势还是作出决策，无论是破解发展难题还是解决涉及群众利益的问题，都需要专业思维、专业素养、专业方法。当前，我国社会主要矛盾已转化为人民日益增长的美好生活需要和不平衡不充分的发展之间的矛盾，对广大干部而言，着力解决好发展不平衡不充分问题，大力提升发展质量和效益，需要科学决策作为支撑，处理专业的业务知识，更重要的是专业的思维分析。

（3）选拔要专：专业的人干专业的事，如何发挥一个干部的最大优势，与其自身特点与岗位性质契合度有很大关系。有的干部善于沟通交流，可以选派到对外合作或者公关的岗位；有的干部善于写作，可以选派到文书文秘的岗位；有的干部善于组织策划，可以选派到应急协调的岗位。特别是在培训对象选取的时候，专业选拔不仅仅可以节约经济成本，还可以减少时间成本。

二、建设高素质专业化干部队伍的工作要求

党的十九大提出建设高素质专业化干部队伍，高素质和专业化体现了目标导向和问题导向的有机结合，与我们党长期以来强调的政治和业务的关系是一脉相承和与时俱进的，我们要坚持把建设高素质专业化干部队伍作为重要目标，以政治建设为统领，不断加强能力建设和平台搭建，努力选好配强事业需要的高素质专业干部。

（一）加强思想建设

以农业科研单位为例，年轻干部就要秉承科技为民、创新报国的奋斗理想，具有强烈的科技支撑现代农业发展和实施乡村振兴战略的责任感使命感。一要定立场。坚持正确的政治立场和政治方向，自觉增强"四个意识"，坚定"四个自信"，做到"两个维护"，自觉在思想上政治上行动上同以习近平同志为核心的党中央保持高度一致。二要守初心。坚定不移推进"不忘初心，牢记使命"主题教育活动，认真贯彻守初心、担使命、找差距、抓落实的总要求，将农民朋友"急难愁盼"问题放在心上、扛在肩上。三要学习。坚持用科学理论武装头脑，将习近平同志关于"三农"工作重要论述作为贴身读物全面系统学、及时跟进学、联系实际学，不断更新理论知识。

（二）加强能力建设

只有干在实处，才能走在前列。选干部、用人才既要重品德，也不能忽视才干；既要政治过硬，也要本领高强。有才无德会坏事，有德无才会误事，有德有才方能干成事。组织人事部门要坚持新时期好干部标准，全面贯彻落实新时代党的建设总要求和新时代党的组织路线，为"能干事"者充电蓄能。一方面加强高素质专业化训练。新时期新任务对干部专业素质提出了新要求，必须培养一支专业素质过硬、能够应对复杂局势的高素质专业人才队伍。坚持问题目标导向和事业发展需求，将源头培养、跟踪培养、全程培养、专业训练贯穿新时代好干部发现、使用、监管的过程中。另一方面促进多岗位实践锻炼。加强长远规划及时发现、培养优秀年轻干部。有针对性地把有潜力的干部放到脱贫攻坚、援疆援藏、专项工作等吃劲岗位培养锻炼，推荐到先进单位跟班学习，通过经风雨、见世面、补短板、强弱项，打造堪当重任的年轻骨干。

（三）加强平台建设

干事业不能做样子，必须脚踏实地，抓工作落实要以上率下、真抓实干。科研院所要为年轻干部"干成事"搭桥铺路，就要做到：一是搭建优质平台。拓宽优秀年轻干部培养选拔渠道，大力挖掘具有发展潜力、后劲和未来竞争优势的年轻干部，让他们牵头组建创新团队、担任学术学科骨干、参与国际合作交流、承担重要攻关项目，努力破解"卡脖子"技术难题，切实给能干事者提供彰显才华的舞台。二是释放干事空间。坚持能者上、优者奖、庸者下、劣者汰，加大干部考核和岗位聘用动态调整力度，进一步优化职称评审实干实绩评价办法，让"不想干、不能干、干不成"者退出职位，为年轻干部脱颖而出释放空间。三是树立激励导向。牢固树立正确发展理念，优化分类绩效考核指标体系，继承发扬"功成必定有我"的精神，激励更好地干事创业。

三、建设高素质专业化干部队伍的实现路径

高素质专业化干部队伍建设的同时，要着眼于解决一段时间以来干部队伍中存在的结构不合理、专业化水平不高、本领不适应等问题，从专业思维、专业素养、专业能力等方面不断提高干部的能力和水平，提高干部的政治站位和政治担当。在具体实现路径上，主要体现为两个结合：一是注重"分类培养与导向引领"的有机结合；二是注重"专才与通才"的有机结合。

（一）注重分类培养与导向引领相结合

干部分类培养上，要进一步完善微观标准体系。要在对岗位进行分级分类的基础上，通过工作分析进一步明确岗位对任职者的具体要求，构建干部岗位胜任素质模型，并逐步建立干部岗位胜任素质模型信息库，从而形成科学完备的干部专业化培养微观标准体系。具体如下。

1. 做好分级分类

要根据不同类别和级别工作岗位的性质，从纵向上将干部岗位进行宏观分类、中观分类和微观分类，再根据各类岗位工作的职责范围、工作难易程度和业务素质要求等，对岗位进行分级分等，从而将干部选拔任用的宏观标准细化为各个岗位的具体要求。

2. 加强工作分析

工作分析是指运用科学技术手段收集、比较和综合有关信息，明确各工作岗位的内容、程序、难易程度、影响范围和程度、所承担的责任风险等性质，以及该岗位任职者所应具备的知识、技能、经验及其他特殊条件，并形成岗位说明书的管理过程。当前，要在分级分类基础上引入和加强工作分析，通过对各级各类干部岗位的全面分析，得出岗位任职者应具备的

基本条件，并作为岗位说明书中任职资格部分的重要内容，为制定干部选拔任用具体标准、提高干部人事管理水平提供基础性依据。

3. 构建干部岗位胜任素质模型

要根据不同干部岗位的工作性质，深入分析和比较绩优任职者和普通任职者之间的素质差别，得出岗位胜任素质特征，并把细化的宏观标准与岗位基本任职条件、岗位胜任素质特征结合起来，构建有针对性的干部岗位胜任素质模型。具体设计标准时，既要关注知识、技能、经验等外显素质，也要重视动机、性格、态度、价值观、行为方式等内隐素质，针对岗位特点制定不同标准，使岗位任职者的素质构成与岗位要求相适应。

（二）注重专才与通才相结合

党的十八大以来，干部队伍的专业化建设成效显著。2016年7月，中共中央办公厅、国务院办公厅正式印发《专业技术类公务员管理规定（试行）》和《行政执法类公务员管理规定（试行）》（简称两个《规定》），这是《中华人民共和国国家公务员法》实施10年后，公务员分类管理改革迈出制度化的关键一步。2016年12月，中共中央办公厅、国务院办公厅专门印发《关于深化职称制度改革的意见》的通知，更好地评价和管理专业技术人才，激励、凝聚专业人才队伍，强调针对现行职称制度存在的问题，特别是专业技术人才反映的突出问题，精准施策，把握不同领域、不同行业、不同层次专业技术人才特点，分类评价。从事业发展和干部队伍成长看，在专业人才进一步发展中，我们仍需要在干部选拔任用通道上为专业化干部提供特殊平台和路径，需要注重专才与通才的结合。

1. 明确专业化干部的成长通道

优秀的专业化干部是德才兼备，以德为先，也就是我们通常讲的能做到"又红又专"，既懂业务同时又高度讲政治。专业干部是培养选拔各级领导干部的土壤，专业干部既可以成为专家，也可以培养成为领导干部。

这类干部在国外政党选人用人机制和公务员制度中，有一些独特的成长通道可供我们借鉴。美国特别关注政治忠诚与业务能力的平衡以及任期内的相对稳定，为了有效激励这些官员，同时又区别于传统的政务官和事务官，美国专门设置了高级公务员序列。该序列在职务晋升上不同于传统的政务官，也不同于事务官，赋予行政首长在高级公务员任用、调任、薪俸、考绩和辞退方面的灵活性。

2. 实现专业干部的通才化

专业化干部是现代技术发展的必然要求，也是实现有效领导的前提之一。随着政府服务对象的日益多元化，社会需求日益复杂化，不少领域的专业型领导干部较为缺乏。如果领导干部不能成为经济社会管理的行家里手，即使整天为工作四处奔忙，可能也不会得到认可。若是因为不专业导致决策失误，甚至还会给党的事业造成损失，影响社会稳定。但是，专业能力应是"通才+专才"的有机结合。"专业能力"不等于"专一能力"，一名好干部不仅应成为本领域业务方面的骨干、专家，成为"专才"，还应当是管理协调等其他综合能力方面的熟手、行家，成为"通才"。

四、高素质专业化干部队伍建设与大力做好年轻干部工作

要建立一支忠实贯彻新时代中国特色社会主义思想、符合新时期好干部标准、忠诚干净担当、数量充足、充满活力的高素质专业化年轻干部队伍。组织部门是选拔培养干部的部门，必须把培养选拔优秀年轻干部作为加强领导班子和干部队伍建设的基础工程，坚持选育管用相结合，为党的事业薪火相传培养接班人。

（一）扛起政治责任，积蓄"源头活水"

"欲流之远者，必浚其泉源"。年轻干部是党的事业的源头活水，要把关心年轻干部健康成长作为义不容辞的政治责任，加强长远规划，健全工

作责任制，及时发现、培养、起用优秀年轻干部。牢固树立重德行、重能力、重实绩、重基层、重发展、重公论的导向，坚持不让老实人吃亏、不让年轻人埋没、不让在基层默默奉献的人失落。要立足长远需要，着眼未来5年、10年乃至更长时间发展，把年轻干部选拔放在干部工作的"大盘子"中谋划，用最优惠的政策选聘紧缺的岗位干部，优化源头储备。要压实主体责任，遵循年轻干部成长规律，正确处理好整体与局部、数量与质量、快与慢之间的关系，在党政正职、副职、优秀中层干部等各层面，力求有指标、有比例、有数量，建立一支金字塔形的年轻干部梯队。

（二）突出政治标准，引导"补钙壮骨"

要把政治建设放在首位，打造又红又专的年轻干部队伍。注重政治教育，强化党性修养。依托各级党校、红色教育基地等主阵地，用好用活支部主题党日等载体，开设专题培训班，引导年轻干部明大势、识大局、知大任。开展政治体检，检验忠诚担当，坚持以小见大，突出对严守政治纪律和政治规矩、贯彻执行党中央决策部署情况的检查，看是否认真参加"三会一课"、主题党日、民主评议党员等活动，以实际行动检验忠诚。把牢政治方向，坚定政治立场，引导年轻干部主动对标，树牢"四个意识"、坚定"四个自信"、坚决做到"两个维护"，始终旗帜鲜明讲政治。

（三）坚持事业为上，推动"百炼成钢"

对有培养前途的优秀年轻干部，要不拘一格大胆使用。勇于打破隐性台阶，让年轻干部用当其时。对于那些看得准、有潜力的年轻干部，通过多岗锻炼、上下挂职等方式，打破论资排辈和常规晋升路径。善于拓宽视野选人，让年轻干部人尽其才。注重加强政企干部交流，打破部门、条块界限，破除体制、身份障碍，通过组织提名、群众推荐、个人自荐等方式，加大从各个领域各条战线选拔使用优秀年轻干部。把实践锻炼作为最好的考场，坚持依事择人，优先考虑经过重大考验、基层经验丰富、各方面比较成熟的优秀年轻干部，及时大胆地安排到吃劲岗位上，使干部成长与事业发展同频共振、相得益彰。

第二节 做好源头培养、跟踪培养和全程培养

干部的素质培养体系，涵盖"如何走好从政第一步、如何帮助干部一步步成长起来、如何优化干部成长路径"，即"源头培养、跟踪培养、全程培养"这3个干部培养的关键问题。

一、做好源头培养

要教育引导干部一开始就想明白当干部为什么、在岗位干什么，走好从政第一步。这要求我们在干部素质培养中切实把好源头关，抓住干部成长的起步阶段和基础要素，突出政治素质，把干部的"底子"搞扎实。"底子"没搞扎实，楼也建不高，越高反而越危险，所以要抓住干部成长的起步阶段和基础要素，切实把好源头关。没有"源头活水"，哪来"一池清渠"，源头培养就是对干部的本源进行培养，在干部素质培养体系中，将政治立场、党性思维、理想信念、道德品质等决定干部成长轨迹、成长方向、成长高度的因素认为是源头培养的主要因素，主要包括以下5个方面（中共湖北省委组织部，2018）。

一是牢固树立全心全意为人民服务的根本宗旨。新时代要深入学习贯彻习近平新时代中国特色社会主义思想，坚决维护习近平总书记的核心地位，坚决维护党中央权威和集中统一领导，不忘初心、牢记使命，以忠诚干净担当的实际行动，为实现中华民族伟大复兴中国梦作出新贡献。人民利益是我们党一切工作的根本出发点和落脚点。人民立场是中国共产党的根本政治立场，是马克思主义政党区别于其他政党的显著标志。作为源头

培养的关键点之一，要引导干部着力践行以人民为中心的发展思想。

二是加强政治教育。要做政治的明白人，对党绝对忠诚，始终同党中央在思想上政治上行动上保持高度一致，坚定理想信念，坚守共产党人的精神家园，自觉践行社会主义核心价值观，自觉执行党的纪律和规矩，真正做到头脑始终清醒、立场始终坚定。坚持以政治建设为统领，教育引导干部增强"四个意识"、坚定"四个自信"，突出政治纪律和政治规矩教育。要坚定理想信念，反复强调理想信念的重要性，教育引导干部学懂弄通做实习近平新时代中国特色社会主义思想，特别是掌握贯穿其中的马克思主义立场观点方法，转化为改造主观世界、坚定理想信念的思想自觉、行动自觉。

三是加强纪律教育。纪律教育旨在筑牢思想防线，重点要讲清楚党中央关于全面从严治党的深远考量，讲清楚持续从严、越来越严的高压态势，讲清楚干部群众对清朗政治生态的强烈诉求，讲清楚违纪违法干部付出的惨重代价，推动纪律规矩入脑入心，引导干部保持如履薄冰、如临深渊的警觉。坚持以人民为中心的发展思想，教育引导干部强化宗旨意识，永葆公仆本色，让干部知敬畏、存戒惧、守底线。

四是加强道德教育。道德之于个人、之于社会，都具有基础性意义，做人做事第一位的是崇德修身。面对纷繁复杂的社会现实，党员干部特别是领导干部要把加强道德修养作为重要的人生必修课，自觉从中华优秀传统文化中汲取营养，老老实实向人民群众学习，时时处处见贤思齐，以严格标准加强自律、接受他律，努力以道德的力量去赢得人心、获得事业成就（徐瑶，2017）。

五是加强知识教育。党政领导干部应该成为复合型干部，不管在什么岗位工作都要具备基本的知识体系。要着眼培养复合型干部，加强党的路线方针政策、法律法规、基础知识和新知识新技能的培训，增强干部适应新形势新任务的信心和能力。坚持把实践作为最好的课堂，引导干部到基层一线、困难艰苦地区、关键吃劲岗位经受磨炼，让干部在干事中成长。

二、做好跟踪培养

组织对干部不能"放养",而要及时掌握动态,帮助干部一步步成长起来。要实时掌握干部素质表现,提升干部对重大问题的思考、对群众的感情、处理复杂问题等能力,确保干部在组织引导、关怀下茁壮成长。干部成长成才是一个长期的、动态的过程,各级党组织必须经常性、有意识、近距离地接触干部,看干部对重大问题的思考、对群众的感情、对待名利的态度、为人处世方式、处理复杂问题能力,实时掌握干部素质表现,才能确保干部在组织引导、关怀下茁壮成长。具体要做到以下4个方面。

一是重点掌握政治表现。加强对干部的日常考察,通过听其言、观其行,全方位、多渠道了解干部,特别是要注重从履行岗位职责、完成急难险重任务中,检验干部的政治忠诚、政治定力、政治担当、政治能力、政治自律等情况,坚决防止政治上的"两面人"。要探索建立干部政治思想状况定期分析制度,及时研判干部政治表现、思想动态,健全干部谈心谈话制度,有针对性地加强教育引导,确保干部做到政治信仰不变、政治方向不偏、政治立场不移。

二是动态掌握履职表现。坚持"看到人"与"抓住事"有机融合,看实事、看实情、看实绩,注重在脱贫攻坚、乡村振兴、环境保护、项目建设、社会稳定等工作一线了解干部的干事状态,掌握干了什么事、干了多少事、干的事群众认可不认可。对干得好的要落实激励措施,对有问题的要及时提醒、帮助解决,对遭遇挫折、受到不公平对待的要加油鼓劲、撑腰壮胆。要注重从干部事业表现中考察能力素质,坚持"干什么学什么,缺什么补什么",有针对性地补短板、强弱项,帮助干部增强本领、全面发展。全面实施履职尽责管理,旗帜鲜明表彰实绩突出的干部,对履职不力的干部进行批评教育或诫勉谈话,对不适宜担任现职的干部进行调整,动态掌握干部的干事状态和工作成效,激发干部干事创业的热情。

三是全面掌握作风表现。延伸监督视线，把干部的工作圈、生活圈和社交圈衔接起来，把"八小时之内"和"八小时之外"贯通起来，做到全方位掌控。要善于把作风建设落细落小，从小节中、细微处观察干部品行作风。要探索建立干部作风评价具体办法，及时提醒、纠正干部的苗头性、倾向性问题，防止小毛病酿成大错误。要把作风建设深度融入干部工作全过程，形成选拔看作风、培训讲作风、管理抓作风的机制和导向。

四是准确掌握廉洁表现。加强跟踪培养，必须从严把好廉洁关，坚决防止"带病成长"。要严格落实党内监督条例，用好巡视巡察、执纪监督、审查调查等结果，注重发挥群众监督、社会监督、舆论监督作用，织密监督之网。要用好批评和自我批评的锐利武器，严格落实述职述廉、谈心谈话、提醒函询诫勉、个人有关事项报告和抽查核实等制度，开展干部廉洁情况动态分析，全面了解干部廉洁情况。要坚持惩前毖后、治病救人，经常"咬耳扯袖、红脸出汗"。

三、做好全程培养

干部素质培养是一个长期过程，不是朝夕之功。要树立全局思维、系统思维，坚持精准科学理念，发扬钉钉子精神，把素质培养工作贯穿干部成长全过程，确保干部队伍充满活力、做到"五个过硬"。具体要做到以下3个方面。

一是坚持统筹兼顾，增强素质培养的系统性。一方面，要统筹干部素质培养资源配置，切实解决重复培训、多头调训、关键岗位调训难、基层和贫困地区优质培训资源供给不足等问题，确保各个地区、各个层级、各个岗位上的干部都能享受到高质量的培训。另一方面，要统筹考虑影响干部成长的各个要素，在突出理论教育和党性教育的基础上，加强基本知识体系尤其是"八个本领"的培养，强化全方位锻炼，把各级干部培养成为兼收并蓄、融会贯通的通达之才。

二是坚持常态长效,增强素质培养的持续性。干部成长规律决定了干部培养要有足够时间,不仅着眼未来5年、10年,更要着眼未来15年、20年乃至更长时间。干部素质培养没有完成时,只有进行时。这就要求统筹把握干部成长的阶段性特征,不断优化干部成长路径,把理想信念教育、知识结构改善、能力素质提升贯穿干部成长全过程。当前,特别要坚持不懈用习近平新时代中国特色社会主义思想武装干部头脑,建立健全学习教育的长效机制。

三是坚持分类施策,增强素质培养的针对性。随着改革开放和社会主义现代化建设不断向前推进,各项工作对专业化、专门化、精细化提出了越来越高的要求。干部素质培养也要在提升科学化、精准化水平上下功夫,针对不同类别、不同层级、不同年龄段干部,制定差异化培养方案。例如,对领导干部要突出政治能力、领导能力的培养,对年轻干部要突出政治训练、实践锻炼,对基层干部要突出执行能力、群众工作能力培养。既要注重全域选拔,又要开展分类培养,根据事业发展需要,分门别类明确培养重点、制定培养措施,做到按需施教、因材施教(李玲 等,2019)。

四、切实开展优秀年轻干部发现、培养和使用工作

发现培养使用优秀年轻干部,是加强领导班子和干部队伍建设的一项基础性工程,是关系党的事业后继有人和国家长治久安的重大战略任务。单位要将年轻干部工作做实,就必须在日常发现、培养措施和推荐使用等工作上花精力、下功夫,认识到选拔培养优秀年轻干部队伍的重要性,对有培养前途的优秀年轻干部不拘一格大胆使用,把关心年轻干部健康成长作为义不容辞的政治责任,加强长远规划,健全工作责任制,注意培养有专业背景的复合型领导干部(张昊冉 等,2019)。

（一）要加强日常发现

日常发现主要包括平时考核、跟踪培养和调研谈话，由二级单位、上级业务归口部门和单位组织人事部门共同管理。

一是平时考核。要推进平时考核，注重动态掌握年轻干部一贯表现，围绕政治表现、业务素养、精神状态、纪律作风等设计指标体系，每月月底进行一次平时考核，并对评价结果建档使用。其中，政治表现包括贯彻落实单位政策制度和执行工作部署是否坚决有力、是否主动作为与担当负责，业务素养指重点工作或专项任务推动落实成效、岗位日常业务履职表现，精神状态指积极向上、团结同事、沟通协作表现，纪律作风是否力戒形式主义和官僚主义、有无廉洁自律问题和不良反映等。

二是跟踪培养。强化落实年轻干部跟踪培养工作，注重从长远发展的角度，为年轻干部搭建"比学赶追"的培养平台，压实年轻干部跟踪培养工作的组织实施，做细做实跟踪培养材料纪实存档。每年定期组织开展单位年轻干部成长档案展示推介活动，促进年轻干部及时整理建档个人成长成才证明材料，增进各级各类干部职工对年轻干部成长成才的了解评价，加强干部选拔任用时对成长档案的调阅使用。

三是调研谈话。强化调研交流、谈心谈话与核实甄别，热情满怀关心关爱年轻干部，深入了解年轻干部思想、工作和生活表现，跟踪了解新提拔干部和中层干部履职表现，结合二级单位推荐情况，形成优秀年轻干部调研谈话情况报告，每年年初同步建立一次优秀年轻干部人才库。注重了解内设机构负责人履职成效，进一步培养使用的推荐人选和理由。

（二）要健全培养措施

要以培养专业型干部、复合型干部和特色型干部为目标，建立健全培养措施。

一是建立健全分类培训体系，培养专业型干部。将更高质量的培训教育落实成培养优秀年轻干部的"红包福利",实行点名调训和跟班考察。每年组织年轻干部开展1次管理能效、专业素养、党性党纪、廉政法制、心理健康等主题教育,组织年轻干部、新进人员开展1次专题培训;每季度组织跨部门、跨领域的干部开展1次互动交流。另外,每年从优秀年轻干部人才库中选调若干人到国(境)内外高校、重要进修机构等开展有实际需求和培养目标的脱产学习。要求按不同培训方式进行考核,考核重点课程学习情况,完成上报1篇学习报告或发表1篇相关研究论文;收集建档参训意见建议,纳入下一年改进工作。

二是丰富完善多岗锻炼形式,培养复合型干部。将部门内部及单位部门之间多岗锻炼,尤其是关键岗位、吃劲岗位和艰苦岗位的历练,落实成为年轻干部进一步使用的前提条件。对拟提拔为正处级干部的,须具备二级单位班子成员或内设机构主要负责人有关挂职经历(含主持、负责工作或相应经历,下同);对拟提拔为副处级干部的,须具备二级单位内设机构负责人或上级业务部门副职有关挂职经历。每年从优秀年轻干部人才库中,遴选推荐30%以内挂任以上职务,并在期满结束后强化履职成效评价和进一步使用分析。

三是组织开展形象展示活动,培养特色型干部。优秀年轻干部队伍要保持"一池活水",确保事业发展充满生机、薪火相传,确保人岗相适、人事相宜,必须具备能干业务、能写材料、能做表达、能谋想法、能解难题等综合素质。结合五四青年节、七一党的生日等,每年组织开展一次年轻干部综合形象展示活动。要求组织推荐出来的年轻干部,围绕专业理论、业务竞答、随机演讲、主题辩论、情景考验等,集中展示和锻炼提升年轻干部的综合能力。

(三)要落实推荐使用

优秀年轻干部的推荐使用要坚持事业为上、公道正派、以事择人和人事相宜,重点考虑工作需要和单位主责,牢固树立重实干重实绩的正确用人导向,大胆选拔使用经过实践考验的干部,兼顾一定数量的女干部、少数民族干部和党外干部。

一是联合培养推荐。实行二级单位和上级业务归口部门联合培养推荐,二级单位结合年轻干部日常管理和培养情况,每年年初推荐一次优秀年轻干部人选,并以单位党委(党总支)名义报上级组织人事部门备案。

二是精确推荐内容。包括干部基本情况、代表业绩、性格特点、特长领域和拟推荐职位,推荐数量不超过所在单位班子成员总数的1/2,且推荐人选须征得岗位工作相应的上级业务归口部门评价意见。

三是加强分析研判。上级组织人事部门根据联合培养推荐情况和调研掌握信息,综合分析人选的工作业绩、一贯表现和民意基础,在充分动议基础上,将优秀年轻干部纳入进一步使用的民主推荐人选范围。

综上所述,年轻干部培养管理必须强化组织实施,围绕培养目标、日常管理、培养措施和推荐使用有关内容,制定具体的任务计划和进度安排,既要发挥系统管理的优势,又要将目标细化分解落实,充分发挥所在单位和上级业务归口部门发现培养的责任主体作用,切实践行组织人事部门推荐使用的责任主体作用。需要强调的是,对不再适宜纳入优秀年轻干部人才库的干部,还要及时调整退出;对组织落实不到位的单位和领导,还要进行追责问责,从而确保年轻干部培养管理工作有效开展。

第三节 素质培养体系实践探索以及对科研事业单位的启示

一、实践探索

以中国热带农业科学院为例,为落实关于进一步推进人才队伍建设有

第三章　素质培养体系建设

关要求，大力推进领导班子和干部队伍年轻化，提出了如下实施意见。

（一）指导思想方面

贯彻党的十九大和习近平同志关于年轻干部工作重要论述精神，落实全国组织工作会议和农业农村部组织人事工作会议部署要求，根据《农业农村部干部选拔任用工作规定》，着眼全院事业高质量发展，按照高素质专业化要求，大力推进领导班子和干部队伍年轻化，增强干部队伍活力，为科技支撑热区乡村振兴、"一带一路"建设和国家热带农业科学中心建设等提供坚强组织保证。

（二）目标任务方面

遵循干部成长规律，按照规范管理、优化结构、拓宽来源、改进方式、注重实效的要求，紧密结合实际，以大力发现培养为基础，以强化实践锻炼为重点，以确保选准用好为根本，以加强考核评价为抓手，以提升引领事业发展能力为主线，探索领导班子和干部年轻化管理机制，准确把握以下目标任务。

一是能力素质过硬。坚持把政治标准放在首位，按照忠诚干净担当好干部标准和科研事业单位领导人员资格条件要求，着力锻造年轻干部过硬能力本领，提升政治素养和专业素养，填补能力短板和经验盲区，发现培养选拔使用对党忠诚、堪当重任、作风优良的优秀年轻干部。特别是，遇到挫折撑得住，关键时刻顶得住，能够破解工作难题、处理复杂矛盾，取得业绩群众公认，具有改革斗争精神的年轻干部。

二是结构比例优化。规模上既要满足今后3~5年领导班子和干部队伍建设需要，又要考虑面向更长远的需求。把年龄优势与思想道德素质、实际工作能力结合起来衡量，逐步实现院属单位班子成员中至少有1名45~50岁的正职、1名45岁以下的副职，以及院属单位中至少有1名35岁以下的处级干部、相当数量的30岁以下的科级骨干。近阶段重点优化尚未达到上述目标要求的院属单位领导班子。

三是激励担当作为。以政治建设为统领,旗帜鲜明讲政治,教育引导各类干部不忘初心、牢记使命。树立鲜明用人导向,从选拔任用上引导干部争相担当。完善考核评价机制,突出政治考核、作风考核,推进平时考核、专项考核,动态掌握一贯表现,开展评议结果反馈,从考核评价上鞭策干部主动担当。

(三) 组织发现方面

准确把握目标任务,通过强本固基、组织推荐、谈话调研和分析研判等相结合,大力发现优秀干部。

一方面,关于人选范围。主要是指45岁以下处级干部,其中副处级一般不超过40岁;35岁以下科级干部(含聘用在管理七八级岗位的职员,下同),其中副科级一般不超过30岁;45岁以下具有高级职称和较强科研管理能力的科技人员,其中副高级一般不超过40岁。其中,能力业绩、德才表现和潜力专长突出的干部,可适当放宽年龄。

另一方面,关于储备掌握。一是分类建设干部数据库。对处级以上岗位配置情况开展常态化更新,紧盯领导干部职数、五六级以上管理岗位批复与聘用数、干部任职年限、干部年龄结构、距离退休不足一届任期干部、专业技术资格和"双肩挑"干部等情况,建立"50岁以下司局级干部、45岁以下党政主要领导、40岁以下正处级干部、35岁以下副处级干部"4个层次的干部储备库,由院党组掌握;对纳入储备库的干部加强定期分析和动态管理,做到不公开、不公示、防止标签化,结合实际表现及时补充完善,为重要岗位、关键部门和急需领域储备干部。二是扎实开展组织推荐、谈话调研和分析研判。院属单位党委(党总支)根据班子建设需要及干部德才表现,适时形成干部人选推荐材料;院人事处组织开展谈话调研,查阅年轻干部跟踪培养成长档案,掌握推荐干部的政治品行、道德品质的一贯表现等情况,对有关推荐情况进行统筹比选印证;注重综合分析研判,形成生动清晰的干部现实表现材料，破解"千人一面"，为人岗相适、人事相宜配备干部提供参考依据。三是发挥单位部门主体作用。院属单位、院机关部门要聚焦主责主业和核心骨干队伍建设需要，担负起干部年轻化建设的主体责任，有针对性为干部补短板、强弱项创造条件、搭建平台，切实将理想信念教育、知识结构改善、能力素质提升贯彻岗位履职全过程。

（四）重点举措方面

推进领导干部能上能下、能进能出，形成能者上、庸者下、劣者汰的用人导向和干事创业环境，既看干部的资历条件，更注重其能力潜质，探索形成事业为上、注重实绩、群众公认的科学规范选任机制。

一是着重使用年轻干部。领导班子换届或届中调整，未达到年轻干部配备要求时，须优先补充年轻干部。每次动议提拔干部时，要充分考虑40岁以下的正处级干部和35岁以下的副处级干部。

二是加强干部岗位管理。设立院务委员，主要负责院常务会决策的参谋、咨询，协助院党政主要领导开展专项工作咨询指导和统筹协调。距退休时间不足2年的副局级所长、党委书记，按照干部管理权限报批，原则上不再担任党政领导职务；退出领导职务后聘任为院务委员。学术造诣较深的其他所级干部退出领导班子后，根据工作需要可聘任为院务委员。距退休不足2年的正处级干部和不足3年的副处级干部，原则上不再担任行政职务。其中，未获得高级职称的，综合事业需要、任职年限和履职表现，可聘为相应职级的管理岗位，保留原有待遇，负责专项任务；获得高级职称的处级干部转聘专技岗，不再聘任管理岗位。

三是拓宽队伍来源渠道。重视挖掘组织型专业干部，合理适度从具有一定科研管理工作经历的专业技术人员中选拔一批得力干部。正高级或者3年以上副高级职称的专业技术人员可直接提任为正处级领导干部；副高级职称或者本科毕业满10年且中级职称4年以上的专业技术人员可直接提任为副处级领导干部。

四是加大交流轮岗力度。强化领导班子和领导干部任期制，建立以任期为调节点的领导班子、领导干部新老交替机制。院属单位党政主要领导任职满10年的，应当交流或退出领导岗位；其他班子成员在同一职位任职满5年的，有计划地交流或在班子内调整岗位职责；院机关处级干部在同一职位任职满5年的，有计划地交流、轮岗或安排到院属单位任职。积极推进各类业务干部在单位部门间交流。建立年轻管理干部常态化交流机制，结合实际，在同一岗位工作2~3年的，要有计划安排交流。对有异地交流轮岗（挂职）经历的年轻干部，在职称评审、岗位晋升等方面予以倾斜考虑。

五是提升专业化能力水平。加强干部党性政治教育、专业培养、挂职锻炼和学术社团兼职管理，组织年轻干部开展多层次多领域实践锻炼和模块化专题培训，破除干部能力恐慌。拓展干部成长渠道平台，探索优秀年轻干部挂任领导班子副职制度，推进40岁以下党委委员参与院属单位班子工作的实施，强化实践锻炼和角色适应。加强干部组织调训，每年高质量开展干部管理能力专题培训，支持年轻干部根据工作需要在职攻读学位，对有培养潜力的干部组织赴国内外科教单位短期培训或跟班学习，同时做好实效评估。

（五）组织落实方面

在院党组领导下，全院"一盘棋"统筹推进干部队伍年轻化。院人事处要着力健全和落实科学精准的选贤任能制度，完善担当作为的激励机制，推动干部锐意进取、奋发有为。院属单位党委和院机关部门要全面掌握各类干部，特别是年轻干部的政治表现、工作实绩和能力建设情况。院层面将干部队伍年轻化工作成效列入单位部门党建工作考核、绩效考核、领导班子年度考核、选人用人专项检查、干部选拔任用工作、"一报告两评议""一把手"选人用人离任检查等重要内容，多措并举确保全院领导班子和干部队伍年轻化取得实效。

二、现实思考

培养选拔年轻干部，事关党的事业薪火相传，事关国家长治久安。要以做好年轻干部工作为关键，善于发现识别，善于培养锻炼，善于选准用好，善于监督管理，着力培养选拔党和人民事业的接班人，重点从以下3个方面落实有关工作。

一是打牢发展根基，注重源头培养。要"压担子"，墩苗助长之力。从源头上选好苗子，压实担子，把政治过硬、思想过硬、能力过硬的年轻干部识别出来，安排其在艰苦岗位、重要岗位上磨炼。墩苗而不拔苗，关心关爱基层干部。要"开课堂"，筑牢信仰之基。通过开设红色课堂，保持政治定力。利用党和国家及本地的重大历史事件、革命人物、革命遗迹等红色资源，开展形式多样的主题活动，加强革命传统教育和理想信念教育。要"钉钉子"，强化责任担当。树牢"四个意识"，坚决克服求稳怕乱的思想，提升敢于担当，乐于奉献的精神和锐气，摒弃"小富即安"，要为干事者撑腰，为担当者担当，为负责者负责。

二是增强干部素质，注重跟踪培养。要补短板，增强干部素质培养的系统性。要运用系统论指导干部培养。从干部素质系统入手，既要安排党性修养、政德修养方面的内容，也要有法律法规、专业技能方面的知识，以强化复合型知识结构的培养。要强弱项，增强干部素质培养的持续性。坚持"跟踪培养"，要在干部素质培养时间的持续性上下功夫。要突专长，增强干部素质培养的针对性。针对不同层次、不同岗位类别的干部，实施分类别培训，突出专长。

三是厚置培育基础，注重全程培养。要在干部培养上"优环境"。要坚持全程培养，要优化成长环境，拉长培养链条。健全完善澄清保护机制，正确对待信访举报问题。健全完善容错机制，健全完善纠错机制，坚持有错必纠、有过必改。要在干部培养上"勤剪枝"。关注干部心理健康，探索建立心理评测和干预机制。加大健康科普力度，实行健康联络员制度。健全完善谈心谈话制度，做到勤于修枝剪叶，帮助干部快速成长。要在干部培养上"治病害"。加强"两严"教育，严格监管，严格落实个人有关事项报告、函询、诫勉等制度。运用好"四种形态"，对干部身上的问题要早发现、早提醒、早处置，切实做到严管厚爱结合、约束激励并重，达到"治病除害"的根本目的。

三、工作启示

改革开放40余年来，随着经济和社会的不断发展，建设一支"忠诚干净担当"高素质干部队伍成为推动发展的重中之重。我们党要团结带领人民实现"两个一百年"奋斗目标、实现中华民族伟大复兴的中国梦，必须全面贯彻新时代党的组织路线，严把德才标准，坚持公正用人，拓宽用人视野，激励干部积极性，努力造就一支忠诚干净担当的高素质干部队伍。在建设高素质专业化干队伍的进程中，我们虽然取得了一些成绩，但不可否认的是，"忠诚干净担当"干部队伍建设还面临一些挑战。为了强化干部队伍建设，完善干部"源头培养、跟踪培养、全程培养"的素质培养体系，可以得到以下思考启示（李玲 等，2019）。

一是优化教学模式，助推理论实践一体化。探索符合培养目标和实际工作趋势的教学模式成为干部素质培养的时代诉求。理实一体化教学模式既符合干部学习思维习惯，又有益于教学质量的提高。要理清"教"与"学"关系，实现教学互动。在干部素质培养过程中，教师要主动承担展示、讲解、示范、引导和激发求知欲的角色，充分尊重参训干部的学习主体地位，让他们乐于学习、主动参与，发挥积极性和主动性，实现教学互动。要处理好"教"中做与"学"中做，做到创造性学习。在业务素质培养课程中，教师参与指导越多，越会让受训干部产生依赖性。只有让受训干部自主探索，才能激发他们浓厚的兴趣，实现创造性学习。要实现教学场所的合理利用。对于理论性较强的课程,可选择在多媒体教室里进行授课;操作性较强的课程,需减少多媒体使用率,更多运用典型案例、先进事迹等,让受训干部及时跟上学习进度,增强学习效果。要在素质培养过程中明确各级管理组织和培养组织的目标,加强上下级管理主体的沟通。推行层级管理,实现上下联动。组织部门要从宏观角度进行把控,按照组织需求确立建设"忠诚干净担当"的高素质干部队伍的培养目标,规定必修课程,充分发挥其决策功能。要整合各类资源,有效利用干部绩效考评机制,激发干部学习的主动性与自觉性。执行层面来看,培训部门要做好主体班次和非主体班次的规范管理,围绕组织人事部门既定目标,确保各个培训班落到实处。要实施精准化管理,提升管理效率。严格依据培训、服务标准,严明纪律,努力提升受训干部的满意度。

二是构建"三类"培养方案,增强干部素质培养的针对性。从工作能力和个人文化修养的内在需求出发,构建三类培养体系,坚持推行分类施教,推动干部素质培养科学化进程。首先,加强领导干部政治能力和领导能力建设是干部素质培养的重点环节。坚持德才兼备、以德为先的干部选拔标准,是我们党百年来干部队伍建设历史经验的科学总结,是党的性质和宗旨、党的理论和路线方针政策在选人用人上的集中体现。定期开展理论培训和岗位锻炼,能有效提升领导干部的政治能力和工作能力,强化领导干部的群众观念与基层管理经验,提升干部的"才能"。因此,干部培养要注重固强补弱,有针对性地提高领导干部的政治能力和岗位履职能力。其次,突出年轻干部的政治教育和实践锻炼。通过多岗位锻炼、关键岗位调训、基层蹲守式锻炼以及政治能力培训等多种方式,不断提升年轻干部的岗位胜任能力。最后,要侧重于培养基层干部的执行能力和群众工作能力。要着重提升基层干部的工作技能,不断优化工作思维,提高逻辑分析能力;要强化基层干部应对复杂问题的能力,积极鼓励基层干部运用现代科学知识,解决实际问题;要强化基层干部不断创新群众工作方法,努力学习工作本领,认真做好群众工作。

三是加大专业支持力度，凝聚干部培养合力。提高干部培养质量，既要注重基础设施"硬件"的建设，又要注重师资队伍"软件"的建设。首先建立高质量教师智库，提高干部培养的专业水平。要打造"蓝青工程"，发挥优秀教师的榜样示范作用。建立完善的教师培训体系，重点突出对年轻教师的培养，不断提高年轻教师的教学能力和科研能力，逐步壮大高质量教师队伍。其次积极拓展多方合作，提供高质量服务。加强合作交流，不断拓展自身优势；努力优化资源配置，探索干部培养资源的共享共建机制，推动干部培养质量的提升；加强干部教育基地建设，创新教育形式。干部教育培训已经由原来的讲授式教学向多元化教学转变。体验式、案例式、互动式等培训形式层出不穷。丰富的干部培养方式，能够有效激发干部学习兴趣，提高干部培养质量。最后充分利用网络智能化学习平台，提升干部学习的时效性。网络学习平台，既有利于学员及时有效地学习党中央的大政方针，又有利于党校及时监督学员的学习状况，同时还能有效地实现资源共享，有助于实现教学质量的最优化。

四是构建精细化的干部素质培养服务保障体系。为促进素质培养体系中各要素的精确高效运行，逐步提高干部素质培养的效率和质量，要逐步推进精准化干部素质培养服务保障体系建设。首先，要建立有效的干部素质培养信息反馈机制，将定期掌握的干部学员考勤情况、课堂表现、培训进度以及考核成绩等录入系统，实现干部培训管理的网络化与信息化；同时，采取问卷调查、面对面访谈、调研等形式，及时收集相关信息，并录入数据库。其次，不断完善干部考核评价体系。健全干部素质培养体系是提高干部素质培养质量的重要保障。在干部培训中要不断细化干部培训内容和考核标准，因材施教，突出干部培养的实用性。最后，要加大干部培养的经费投入，加强"忠诚干净担当"高素质干部队伍建设需要充足资金的支持。

总之，年轻干部是政治生活的希望，是促进政治生活保持生命力和永葆活力的细胞。培养选拔优秀年轻干部是一件大事，关乎党的命运、国家的命运、民族的命运、人民的福祉,是百年大计。我们要从战略和全局高度充分认识培养选拔年轻干部的重要性和紧迫性,准确把握精神实质,遵循内在发展规律,用辩证思维提升年轻干部培养选拔质量,推动年轻干部队伍素质更好、数量更足、结构更优,为国家的发展、中华民族的伟大复兴梦奠定坚实的政治基础。

第四章
知事识人体系建设

第一节　怎样知事

2018年全国组织工作会议上提出，要建立日常考核、分类考核、近距离考核的知事识人体系，使选出来的干部组织放心、群众满意、干部服气。知事是指掌握领导干部职责任务，该干什么，怎么干。知事是干部考核基本要求，是精准识别的关键开端，结合工作实际，从以下3个方面解析知事工作的考虑。

一、掌握机构编制管理要求

事业单位是国家为了科研公益目的，由国家机关举办或者其他组织利用国有资产举办的社会服务组织。科研事业单位与其他事业单位一样，具有不行使国家权力、不以营利为目的、是公益性和非营利性的具有独立事业法人身份的社会事业组织、人才知识密集型、承担为社会提供公共服务等特征。

科研事业单位的职能是上级主管部门根据国家在一定时期的方针政策及行政管理的需要，对科研事业单位的职能进行配置、调整。根据《中国共产党机构编制工作条例》规定，机构编制工作必须遵循坚持党管机构编制、优化协同高效、机构编制刚性约束、机构编制瘦身与健身相结合4个原则。

随着事业发展和使命的调整，机构编制也需作相对应的调整。以中国热带农业科学院为例，近年来为贯彻党的十九大和十九届三中、四中、五中全会精神，启动全面深化机构改革工作，不断优化全院机构设置，理清职能配置，引导院属科研机构进一步明确职责定位和目标使命，聚焦主攻方向，提高整体创新效能，初步建成开放协同的组织管理体系。

第四章　知事识人体系建设

一是坚持党的领导，开启体系化改革局面。机构改革是新时代全面深化改革的重大举措，是推进治理体系和治理能力现代化的重要途径。坚持用习近平新时代中国特色社会主义思想指导实践、推动工作，坚决贯彻党中央、国务院、农业农村部党组的统一部署。院党政领导班子亲自谋划、亲自推动，组建精干工作组，全面开展系统调研，多次召开专题会议集体研究，从顶层设计到目标分解，从改革方案到具体实施，从改革路径到工作节点，明确责任，有序推进，形成"横向到边，纵向到里"的良好工作开局。

二是坚持问题导向，定好全院机构改革风向标。紧紧围绕党和国家机构改革的总要求、总目标、总任务，立足科研院所实际，坚持以问题为导向，组织开展大摸排、大调整、大优化。"列清单"式解决"为什么改"的问题。从机构设置上正视了有的机构缺位错位和职责不对标等问题；从职责配置上认清了权责边界不清和目标协同不力等问题；队伍建设上从系统分析了人员结构比例和服务能力质量等不平衡不充分问题。

三是坚持多措并举，把握优化高效主路线。增强改革的系统性、整体性、协同性，注重形成效能传导的总体效应，扎实推动机构设置、职责配置及队伍能力建设的全面统筹。从方法路径上诠释"怎么改"的问题。构建管理部门、直属单位、学术机构、承建平台为一体的院所组织机构体系，实现院所机构设置系统化、职责配置集约化、人员岗位交流常态化。探索创新直属单位等支撑机构灵活高效组织模式，依托各类创新平台载体，创建新型内部治理及运行管理机制。进一步转变和强化院机关宏观管理、制度建设、管理服务和指导监督等职能，进一步明晰职能定位。

四是坚持统筹兼顾，释放干事创业活力。提升改革预期效果和全方位支撑保障能力，在院属单位机构设置中更加注实干实绩实效履职要求。从目标导向上解决"改什么"的问题。通盘考虑科研单位和附属单位内设机构的组织设计，为干事创业把方向、聚力量、促发展。深化点面结合，内外拓展，加强科研、产业、服务等机构职能的配套衔接，为激活机制、放活机构、盘活资源夯实组织管理基础。创新体制机制，贯彻"放管服"改革精神，为推进科技创新、成果转化、人才引培、国际合作等重点难点工作的改革创新开展系列制度的"废改立"工作。

二、掌握岗位设置管理要求

2006年以来，事业单位开始推行岗位设置管理，这是在事业单位中从传统人事管理向现代人力资源管理转变的重要改革措施。其目的是进一步推进事业单位人事管理从身份管理向岗位管理转变，按照科学合理、精简效能的原则进行岗位设置，坚持按需设岗、竞争上岗、按岗聘用、合同管理。

（一）岗位设置基本原则

1. 因事设岗

科研事业单位承担着为社会提供科技支撑的重大职责，岗位设置必须与本单位的具体职能、任务、目标直接挂钩。以工作需要和职责任务为中心设置岗位，无事不设岗，向科研业务直接相关的岗位倾斜。

2. 编制核定

按照现行管理体制，科研事业单位的岗位数量一般遵循上级编制管理部门核定的人员编制总数内确定。岗位设置的根本依据是工作任务及其工作量，因此岗位数量可以少于或等于人员编制数，但不得多于人员编制数。

3. 分类设岗

科研事业单位现行岗位从人事关系角度来看，可以分为固定岗位和流动岗位，固定岗位适用于聘用编制内正式人员，属于上级机构编制部门管理科研单位岗位设置管理的范畴；流动岗位适用于聘用人事关系保留在其他单位的柔性使用人才。从单位内部管理角度来看，一般划分为管理岗位、专业技术岗位和工勤岗位。

4. 岗位系统

各类岗位是科研事业单位的子系统，由不同等级岗位组成。在设置岗位时，不能孤立、局部地考虑某一类岗位的设置，而是要从总体上进行把握设置。科研事业单位的岗位设置应以专业技术岗位为主，从高级、中级、初级各岗位等级结构合理性考虑，做到既要分清主次，又要注意协调配合。

（二）岗位设置基本模式

1. 岗位类别及等级设置

国家确定事业单位通用的岗位类别和通用的岗位等级。岗位类型分为管理岗位、专业技术岗位、工勤技能岗位。管理岗位分为管理一级至十级共 10 个等级，专业技术岗位分为专业技术一级至十三级共 13 个等级，工勤技能岗位包括技术工岗位和普通工岗位，其中技术工岗位分为工勤技能一级至五级共 5 个等级，普通工岗位不分等级。

科研事业单位管理岗位指担负领导职责或管理任务的工作岗位。专业技术岗位指从事科学研究、技术研发等专业技术工作，具有相应专业技术水平和能力要求的工作岗位。工勤技能岗位指承担实验（试验）技能操作和维护、后勤保障、服务等职责的岗位。领导干部一般聘用在管理岗位。

2. 岗位名称及岗位等级对应关系

省部级正职、省部级副级、厅级正职、厅级副职、处级正职、处级副职、科级正职、科级副职、科员、办事员依次分别对应管理岗位一级至十级职员岗位。正高级专业技术职称对应专业技术一级至四级岗位，副高级专业技术职称对应专业技术五级至七级岗位，中级专业技术职称对应专业技术八级至十级岗位，助理级专业技术职称对应专业技术十一级至十二级岗位，员级专业技术职称对应专业技术十三级岗位。高级技师、技师、高级工、中级工、初级工，依次分别对应工勤技能一级至五级。

特设岗位是根据科研事业单位特点和事业发展规律，为适应聘用急需的高层次人才等特殊需要，经批准设置的工作岗位。特设岗位的数量不受单位总量、最高等级结构比例限制，工作任务完成后，按管理权限予以核销。

3. 机构岗位模式

管理、专业技术和工勤技能岗位是科研事业单位岗位系列，都处于单位的某一组织机构内，既受到组织岗位控制，又承载着职工对自身职业发展和前途的关注和梦想。以专业技术岗位为例，岗位层次分为高（正高、副高）、中、初三级；岗位等次分为高级专业技术职务中的正高级岗位包括一级至四级，副高级的岗位包括五级至七级；中级岗位包括八级至十级；初级岗位包括十一级至十三级，其中十三级是员级岗位。

（三）岗位设置基本程序及方法

1. 确定岗位总量

事业单位是由政府主办的，经济来源为财政补助，由公共财政支付。按照岗位管理原则，实行一岗一人，一岗一酬。事业单位的岗位设置总量由国家进行控制，处于国家财政负担的合理范畴内。因此，科研事业单位的岗位设置总量是由举办该单位的政府有关部门核定的人员编制数量决定的。

2. 岗位工作分析

工作分析是全面了解、获取与工作相关的详细信息，以确定工作性质、结构、要求等基本因素的活动过程。岗位工作分析是编制岗位文件、设计考核方案、人员招聘等工作需要的依据。

（1）确定基本结构。科研事业单位根据其主要职责任务不同，岗位结构数量比例有所区别。主要通过农业专业技术创新为社会提供社会公益性服务的科研事业单位，岗位设置应以专业技术岗位为主，专业技术岗位一般不低于单位岗位总量的70%，工勤技能岗位一般不高于单位岗位总量的10%。主要承担提供农业技能型服务，开展试验、示范性生产等活动的科研事业单位，岗位设置应以工勤技能岗位为主，工勤技能岗位一般不低于单位岗位总量的50%，管理岗位一般不高于单位岗位总量的15%。

（2）确定主要系列。科研事业单位专业技术岗位是主业岗位。任职资格涉及的专业技术职称主要包括研究员、农业技术推广等研究系列，农艺师、畜牧师、兽医师和实验师等技术系列，会计师、工程师等支撑系列。专业技术岗位主系列是研究系列，其他系列主要是技术支撑与辅助系列。

（3）确定岗位等级结构。科研事业单位的举办单位主要根据地区经济、社会事业发展水平，以及科研事业单位的功能、规格、隶属关系和专业技术水平，实行不同的结构比例。在科研事业单位内部，则需要在明确岗位归属的基础上，按照岗位梯形原理，依据责任轻重、难易程度及所需上岗条件进行划分，确定本单位岗位结构比例。

3. 制定岗位条件

科研事业单位3类岗位的基本任职条件：遵守宪法和法律；具有良好的品行；具备岗位所需的专业、能力或技能条件；具有符合岗位工作要求的身体条件。具体条件包括学历条件、资历条件和业绩条件等。

三、科学分析与评价岗位

岗位分析与岗位评价是开展科研事业单位人力资源管理的基础，是建立和实施岗位管理体系，推动身份管理向岗位管理转变，科学设岗并进行有效岗位管理的核心。

（一）岗位分析

岗位分析是科研事业单位人力资源管理工作的基础，又称工作分析、职务分析，是针对各类工作岗位的性质、工作内容、岗位职责、工作条件和工作环境以及任职者承担本岗位任务应具备的资格要求所进行的系统分析与研究，并根据分析结果制定岗位规范、岗位说明书等重要人力资源管理文件的过程。

1. 分析要点

岗位分析包括谁来做、做什么、工作时间、工作地点、岗位意义、服务对象、怎么做7个方面，确保因事设岗。在人力资源管理工作实践过程中，专业技术岗位分析最为关键，因此岗位分析应确保关键、兼顾辅助，逐步实现人事相宜、人岗匹配的目标。

2. 岗位分析步骤

（1）摸清情况。成立专门的岗位分析小组，经专业培训后开展资料和信息收集工作。具体包括单位组织结构图、单位职能和内设机构职责、单位战略发展方向和重点、科研服务状况、单位机构绩效考核目标、工作流程和办事规定等。

（2）调研信息。编写调查问卷、访谈提纲，结合实际，灵活运用观察法、访谈法、问卷调查法、工作日志法、关键事件法、工作实践法等岗位相关信息，并对整个工作过程、工作环境、工作内容和任职资格等进行全面调查。

（3）分析总结。对岗位工作特征和人员特征的调查结果进行深入分析，请现有的岗位聘用者和其上级对信息进行确认，剔除无效信息和问卷，归纳总结出工作分析的必要材料和要素，并按照岗位说明书的要求进行信息分类。

（4）编制岗位说明书。依据整理提炼的信息编写岗位说明书，建立起科学完善的不同岗位系列的岗位说明书体系。岗位说明书的编制一般要由单位人力资源管理部门、职工等共同完成。

(二) 岗位评价意义

岗位评价是按照一定的衡量标准，对完成岗位标准工作的责任要求、复杂程度、工作强度等因素进行系统衡量、评比和估计，并据此确定岗位相对价值的过程。岗位评价是一种系统地测定每一岗位在单位内部薪资结构中所占位置的技术。岗位评价以岗位任务在整个工作中的相对重要程度的评估结果为标准，以某个具体岗位在正常情况下对员工的要求进行的系统分析和对照为依据，并据此确定各个岗位的薪资水平。岗位评价通常不考虑个人的工作能力或在工作中的现实表现。

1. 衡量岗位相对价值

岗位评价作为确定薪资结构的一个有效支持性工具，可以明晰地衡量出岗位间的相对价值。进行岗位评价需要在工作分析的基础上，按照一定的客观衡量标准，对岗位的工作任务、繁简难易程度、责任大小、所需资格条件等方面进行系统的、定量的评比与估计。

2. 确定合理薪资结构

岗位评价的目标是建立一种公正、平等的工资结构，以使员工相信，在工作中付出大致相同的代价和辛劳会得到同样的报酬。单位需要一种科学的方法来衡量岗位间的价值，更加科学地建立薪酬体系，从而确定一个公平合理的并对员工有良好激励作用的薪资结构，提高工作人员对于收入水平的满意度和收入分配的公平感，实现更充分的激励效果。

3. 奠定职务职级基础

确立职务职级工资制需要岗位评价这个有力的支持性工具，岗位评价可以衡量出管理职务系列各职级的排序和量化差异，并将之对应到其他职务系列相应的职级，从而确定不同岗位间的相对价值。实际上，岗位评价不仅仅是调整薪酬问题的止痛药，由于它还要对岗位进行深层次分析，从而可以调动全体员工进行职务分析工作，推动对单位组织问题进行深入探讨。

（三）岗位评价的原则

1. 对事原则

岗位评价针对的是工作的岗位，而不是目前在这个岗位上工作的人。

2. 一致性原则

所有岗位必须通过同一套评价因素进行评价。

3. 针对性原则

评价因素应尽可能结合单位实际，这需要在实施评价之前，对专家小组成员进行培训。项目组与专家根据单位的实际情况，对岗位评价因素定义与分级表的各类因素的权重和各个因素的定义进行协商讨论，尽可能使二者切合单位实际。

4. 共识原则

岗位评价需要大家达成两项共识，一是专家小组成员对各因素的理解要达成共识，避免在实际评价中出现对含义理解的偏差；二是项目组要和专家达成共识，即岗位评价讨论的是岗位的等级分数，而不是该岗位的最终薪资数。

5. 独立原则

参加对岗位进行评价的专家小组的成员必须独立地对各个岗位进行评价，绝对不允许专家小组的成员之间互相串联，协商打分。

6. 反馈原则

对于各个岗位评价的结果，应该及时地进行反馈，让专家小组的成员能够及时了解对该岗位评价的情况，产生偏差的原因以及其他成员的观点，及时调整自己的思路，加深对评价表中各项要素的理解。

7. 保密原则

由于薪酬设计的极度敏感性，岗位评价的工作程序及评价结果在一定的时间内应该是处于保密状态。当然，在完成整个薪酬制度的设计之后，岗位评价的结果应该公开，使全体职工都了解到自己的岗位在单位中的位置。

（四）岗位评价的方法

岗位评价的方法有很多种，选择何种方法主要取决于待评价岗位的数量和种类、需要付出的成本、可用的资源和所要达到的准确程度。

目前普遍应用的岗位评价方法主要有4种：排序法、分类法、评分法和要素比较法。前两个一般为"非分析法"，后两个称为"分析法"。二者的主要区别是，非分析法不把工作岗位划分成要素来分析，不必对岗位进行量化测量，而分析法则是岗位内各要素之间的比较，并对岗位进行量化测量。

排序法是一种简单的方法，它是把工作岗位按一定顺序进行排列。岗位被作为一个整体来考虑，并通过比较简单的工作岗位写实来进行相互比较。

分类法的主要特点是，各种级别及其结构是在岗位评价被排列之前就建立起来，对所有岗位的评价只需参照级别的定义对应到合适的级别里面。

评分法运用的是明确定义的要素，如责任因素、知识技能因素、努力程度因素、工作环境因素等。要素数量可能从几个到十几个不等，这主要看方案的需要。每一个要素被分成几种等级层次，并赋予一定的分数值。然后对岗位的要素逐个进行分析和定分。把各个要素的分数进行加总就得到一个工作岗位的总分数值。这个总分数值决定了它在岗位序列中的位置。

评分法具有如下特点：第一，在运用评分法进行打分前需要有明确的计划；第二，这种方法要求评价小组有熟练的技术；第三，这种方法适用于对大量岗位进行评价；第四，经过反复实践，现在归纳出的岗位评价要素已具有普遍代表性，只需根据本单位的具体情况对个别要素和权重进行适当调整即可。

要素比较法是从评分法衍化而来的。它也是按要素来对岗位进行分析和排序。这种方法需要先选定岗位的主要影响因素，然后将工资数额进行合理分解，使之与各影响因素相匹配，最后再根据工资数额的多寡对岗位进行排序。

四、知事工作实践探索以及对科研事业单位的启示

(一) 实践探索

以中国热带农业科学院为例,单位在知事工作中,不断探索推进,在机构(岗位)管理实践探索中取得初步成效。具体如下。

1. 建立健全岗位设置制度

中国热带农业科学院在岗位设置管理实践中,坚持制度先行,通过建立和完善岗位设置机制,规范岗位设置管理行为,加强岗位设置管理。制定了岗位管理相关制度性文件,为岗位设置工作顺利开展提供了制度保障。

2. 强化岗位管理,优化人才结构

自实施岗位聘任以来,严格按照上级部门批复的岗位数,结合发展实际,制定岗位设置方案。按照分类分级的管理原则,加强对院属单位岗位数的管理。根据院属各单位的实际和发展需要,研究确定各单位岗位数,严格控制各类岗位的聘任数量,通过岗位控制和加强资源整合,不断优化人员布局和结构。通过强化岗位管理,管理人员趋于平衡发展,工勤技能人员数量大幅度减少,专业技术人才占比大幅度提高,各类各级岗位的人才队伍结构进一步得到优化,逐步趋于科学合理。

3. 公开竞聘促进人才队伍发展

岗位设置管理中的重要环节就是择优聘任。中国热带农业科学院按照岗位聘任的程序要求,根据岗位聘任条件要求,实施公开竞聘。统一制定了全院三类岗位的聘任办法,并由院属各单位结合实际进一步细化岗位聘任条件,明确岗位职责。通过岗位的公开竞聘,增强了岗位聘任人员的工作紧迫感和责任感,特别是科技人才的紧迫感进一步增强。在公开竞聘过程中,以工作业绩作为岗位聘任的重要指标条件,各类岗位聘任人员的工

作热情和业务能力进一步得到了提升，进一步促进人才队伍的发展。

4. 及时入岗，兑现待遇

根据中国热带农业科学院岗位空缺情况，坚持立足现状、着眼发展和以人为本的原则，及时组织岗位聘任工作。及时对新录用人员的岗位聘任资格进行认定，并组织开展岗位聘任工作，为新引进新录用人员提供良好的职业发展预期。落实"一岗一薪"的工资管理要求，按照聘任岗位及时兑现已聘任岗位人员的工资待遇，稳定人才队伍的发展。

5. 统筹兼顾，控制比例

中国热带农业科学院岗位设置以现有人员为基数，结合事业发展的需要，在不突破现有人员的结构比例的基础上，合理分配岗位控制数。通过对院属各单位职能的梳理、人员状况的摸底，掌握现有人员和产业技术体系、学科体系和科技创新平台的分布，结合全院的发展战略目标和工作重心，分析和分配不同层次不同等级岗位数量。在全院范围内，采取遴选办法对专业技术二级岗位实施聘用，动态调整；对专业技术三级岗位，则在全院范围内统筹安排；对管理岗位，坚持"精简、高效、专业"的整体要求，通过严格控制岗位聘用数量，强化轮岗交流等多种手段，不断进行优化；对影响全院人才队伍结构比例的工勤技能岗位，则逐步压缩调整，整体提升全院人才队伍素质，优化人才队伍结构。

（二）现实思考：编制使用中存在的问题

事业编制挖潜创新已成为事业单位服务经济社会发展的有效管理方式。为进一步挖掘编制资源，优化资源配置，助推、服务科研事业发展，以中国热带农业科学院为例进行分析，主要启示如下。

1. 呈现"有编不用"和"无编可用"的结构性失衡问题

编制核定后，由于事业单位分类改革未完全到位，其间院属科研机构编制数量未作调整配置。随着单位功能定位和发展布局不断拓展、人员队伍不断优化，编制利用问题成为一项重大课题。

2. 编制分配与院属单位事业发展需求不匹配

部分单位职能定位和发展布局发生了明显变化，现有编制数已不能满足事业发展需求。例如，部分院属科研机构近年按照立足热区、发挥特色、协同创新的原则，主体使命和学科研究领域方向急需转型，并承担地方乡村振兴有关新型研发机构建设的重要职责，但编制供给不平衡不充分。

3. 未来空编数富余问题较为严重

近10年来，大量引进科技人才，人员比例结构发生根本性转变。与2007年末比较，2018年末管理和科研人员同比增加76.8%、工勤人员同比减少63%，但是人员队伍总量基本处于稳中有降态势。由此带来人才供给数量不足和高层次人才流失、在编职工人员"入口量"明显小于人员"流出量"的两重压力，不利于支撑事业高质量发展和高水平自主创新。

（三）工作启示：创新管理建议

根据编制富余情况和发展战略布局，进一步用好激活存量编制资源，使编制资源转变为现实的发展动力，建议重点做好"两服务、一加强"工作，为热带农业科技事业发展提供有力保障。

一是服务国家战略，彰显国家战略科技力量的影响力。目前，中国热带农业科学院面临打造国家热带农业科学中心、科技支撑热区乡村振兴、推进"一带一路"热带农业国家合作和建设"南繁硅谷"等重大机遇，急需一大批创新人才支撑发展。从编制资源角度出发，可通过挖掘科研单位"编制池"，用于服务支撑"南繁硅谷"建设、自贸港构建国内国际双循环体系需求的热带农业领域重要国际组织分支机构落户海南建设、中国热带农业大学（研究生院）筹建，不仅有利于解决院属科研机构目前面临的发展难题，更有利于协同打造国家战略科技力量，激活编制资源利用空间。

二是服务海南省百万人才引进，拓宽院所发展空间。海南省《百万人才进海南行动计划（2018—2025年）》明确提出，争取到2020年，吸引各类人才20万人左右；争取到2025年，实现"百万人才进海南"目标。建议通过提供事业单位编制资源的方式，向地方政府部门提出支撑自贸港人才引进的建议，加大海外优秀人才引进力度，引进的人才同等享受海南省人才政策和支持措施。在提供编制资源同时，向上级部门争取设立一批地方产业倚重的新型研发机构和专项科研经费等制度集成创新政策，拓宽引才用才空间。

三是加强瓶颈问题研究，解决队伍发展不平衡问题。一方面，理顺人员编制与岗位管理关系，解决队伍发展"天花板"问题。结合院当前"三类"岗位结构比例调整优化需求、高级专业技术岗位和五级、六级管理岗位不足等问题，进一步分析岗位需求，整合岗位资源，适时开展新一轮岗位聘用工作。

第二节　怎样识人

所谓"识人"，就是领导干部要清清楚楚地掌握每名干部的德、能、勤、绩、廉情况，全面了解其基本素质和综合素质等真实状况，客观公正地评价长处与不足，摸准最适合干什么、不适合干什么。识人用人是指识别和发掘下属的优势与潜能，用人之长，使其最大限度地发挥作用，实现团队与成员共同成长。识人用人是一个成功的领导者最重要的能力之一。在实际工作中，领导干部识人用人，具有"风向标"和"指挥棒"的作用，关系人心向背，决定事业兴衰成败。如何识别人、用好人不仅考验组织部门的一颗公心，更考验选人用人理念与办法的创新。

一、识人的传统文化

人的品德看言行，人的思想看行为，人的内心看做事，人的心术看眼神,人的知识看谈吐,人的内涵看表现,人的修养看性格,人的能力看业绩,人的身手看对手,人的为人看朋友,人的本质看历史。纵观中国历史,善于识人者比比皆是。

早在数千年前,我国古代就有了相关的理论书籍,如《易经》等。除此而外,圣人先贤们还总结出了很多识人方法。老子《道德经》中提到,"信言不美,美言不信。善者不辩,辩者不善。知者不博,博者不知"。清代学者魏源曾说,"不知人之短,不知人之长,不知人长中之短,不知人短中之长,则不可以用人,不可以教人"。诸葛亮有"七句看人之法",刘劭有"八观之说",吕不韦提出的"八观六验"和"六戚四隐",曾国藩《冰鉴》中关于识人的著述等,这些都是传统文化的精粹。

(一)老子看人观

老子比较看重一个人厚道、诚实、谦虚、低调的品质,希望人们返璞归真,去虚存实,他倡导"人法地、地法天、天法道、道法自然"的哲学思想。人应该多敬畏大自然,遵循自然之道,才能领悟出更多"天道"。比如,人应该像水学习,水善利万物而不争,以柔克刚;善于居于底下处,所以能够成为百谷之王等。老子的主要思想是"无为"和"不争",无为而无所不为,不争而天下莫敢与之争。他不欣赏显现在外表的美好,而更赞赏内敛的品质,于是他认为:说漂亮话的人不真实,真正善良的人不会巧言令色,真正知识渊博的人不显摆,爱显摆的人往往是半吊子。这也和现代心理学所说的"越缺乏什么越显摆什么"是相吻合的。

(二)庄子识人术

1. 君子远使之,而观其忠

让考察对象到远的地方去,观察他是否忠诚。古代多少人一旦远离权力中心,就会觉得山高皇帝远,想发展自己的势力。当然,这里的远也可以理解为故意疏远。

2. 近使之，而观其敬

与考察对象近距离接触，建立私交，观察他是否还能保持应有的礼仪与尊敬，是否会进一步发展为恃宠而骄、得意忘形。

3. 烦使之，而观其能

让考察对象干繁杂的事，观察他是否有才能。烦则难理，事情越多，越让人手忙脚乱。能力高低往往在于能否从纷杂烦乱中理出头绪，不被琐事困扰。

4. 卒然问焉，而观其知

突然发问，观察考察对象是否有知识。一个人有没有知识，知识是否渊博，要突然发问，才能看得出来。

5. 急与之期，而观其信

给考察对象一个紧急的期限，观察他是否讲信用。

6. 委之以财，而观其仁

委托考察对象财物，观察是否仁义。钱财是试金石，面对金钱的诱惑，那些伪善的人往往就会暴露真面目。

7. 告之以危，而观其节

告诉考察对象危险的事情，观察他是否有节操。很多人一旦面对重大抉择，就会舍弃他人和集体的利益，但是，能在危机当中保持理性和品德，才是可用可交之人。

8. 杂之以处，而观其色

让考察对象与不同的人相处，观察他是否失态。有些人阳奉阴违，人前一套，人后一套，这种人尤其需要警惕，表里如一是重要标准。

(三) 孔子观人力

"视其所以，观其所由，察其所安，人焉廋哉？人焉廋哉？"出自《论语·为政篇》，就是了解一个人要看他言行的动机，观察达到目的所采取的手段，考察他安心干什么，这样，这个人怎样能隐藏得了呢？孔子用寥寥 12 个字告诉我们如何从行为、动机，以及所乐之事 3 个递进层次去观察一个人。

1. 视其所以

要看对方跟什么样的人交往，一个人生活社交圈的状况，是思想境界高低的"标尺"。看人先看他做了些什么，做的事情是好事还是坏事，这是一种客观的、实事求是的评价。看人不要先去考虑他动机的善恶，而要先看行为本身的价值。实际上，不少人好心办坏事，正如清朝金樱写的楹联中提到"取人之善，当据其迹，不必深究其心"。值得注意的是，行为带有隐蔽性与和欺骗性，动机上也存在故意与过失。善的行为可能出于伪装，恶的行为也可能出于过失。

2. 观其所由

要看对方追求怎样的事物，为达到目的，所采用的手段方式如何。对于恶的行为即便有善的动机，孔子认为也要对结果负责。就像子贡所说的，君子之过如日月之亏，人人都看得见。识人就会犯错，但知错能改，善莫大焉。另外，在对待善的动机上，孔子划分为 3 类：真心为善；伪装为善；忍着为善。真心为善不用多说了，伪装为善是就是那些假善人，怀着自己不可告人的目的去做善事。

3. 察其所安

要看对方的情感取向，看他"心安"或"情系"何处。观察人心之所安，这就是为了解决"忍着为善"的问题。有人做了实实在在的善事，动机也是纯正的，但是不是自己心甘情愿去做的。

（四）曾国藩辨人法

曾国藩的《冰鉴》是其独有的看人、识人之法，囊括了道家、阴阳家、医家等学术精华，虽然言辞简短，却颇有深意。

1. 神骨

曾国藩说"一身精神，具乎两目；一身骨相，具乎面部"。一个人的精神状态主要集中在他的眼睛中，一个人的骨骼主要集中在脸上。一个人的精神和骨骼就是命运中两扇大门，看一个人的精神和骨骼，就相当于查看其全身和气质。

2. 刚柔

曾国藩所讲的刚柔之术分为内刚柔和外刚柔，内刚柔是指喜怒哀乐和心态城府，而外刚柔则讲的是面部五行之理。将喜怒哀乐行之于色的人，气质近乎粗鲁；没有张扬，该兴奋的时候也无法激动，这种人比较愚笨；看起来机智的人，往往是可以深思熟虑的人。

3. 容貌

曾国藩说，容以七尺为期，貌合两仪而论。容以七尺为限度，貌用两只眼睛来评判。人的胸腹手足、眼耳鼻舌若是都相互照应，相互协调则命运一定不会太差。

4. 须眉

俗话说"巾帼不让须眉"。古代女子和现代人一样也会化妆，而且还会将眉毛剃掉，所以一般情况下，古人就用须眉来代指男子。人们常说"少年两道眉，临老一副须"，说的是，年少的时候，要看眉毛的相，而当人老了的时候就要看胡须了。

5. 声音

人的声音起于丹田，在看人的时候，要听人的声音，辨别其独到之处。就像《红楼梦》中王熙凤出场的时候，就是先写闻其声，便可以知道其性格如何。

6. 气色

人的大体运势表现在面部的特征，而小运则是表现在气色上。大命由先天，不可更改，而小运则是由我们自己掌控。气表现在内，则是精神；气流露于外，则是气色。

7. 情态

曾国藩说，容貌骨之余，情态神之余。一个的容貌是骨骼中流露出来的余韵,而情态则是精神的余韵。所谓"给人要留一个好的第一印象",就是在见人第一面的时候,要表现出好的情态。

二、识人与察人用人

(一) 识人的重要性

用人之要重在择人,就是要科学合理使用干部,用当其时、用其所长。知人不深、识人不准,往往会出现用人不当、用人失误。识人可以纠正选人用人的偏差,"带病提名""带病当选""带病上岗""带病提拔"等问题,很大程度是因为识人不准,丧失了选人用人主动权。必须把识人作为推动工作的基础,把识人责任纳入全面从严治党责任体系,通过正确的选人用人导向净化党内政治生态。识人是实现干部专业化配备的主要前提,是精准科学选人用人的重要保障,是推进国家和政党治理体系与治理能力现代化的必然要求。

(二) 识人的基本原则

1. 公正识人

这是识人的首要法则,核心要义是公道正派。党员干部必须坚持五湖四海、任人唯贤,不能讲门第,搞平衡;不能戴有色眼镜,以人划线、任人唯亲;不能掺入私心杂念,凭关系、凭感情、凭靠山识人,搞权钱交易;更不能拉帮结派,搞亲疏远近、团团伙伙。当然,公正识人还必须自身正、自身硬,能闯过人情关,打破"潜规则",突破"关系网"。要高度警惕那些官瘾太足的人、城府太深的人、阿谀奉承的人,不能因其平时恭敬有加,甚至吹捧谄媚,就丧失原则。

2. 全面识人

这是识人的共性准则,核心要义是客观全面,切忌片面狭隘。人的本质是一切社会关系的总和，整个世界是互相联系的整体。识人要坚持系统、联系的观点，不能顾此失彼、偏执一方；识人不能局限于一时一事、一隅一地，要历史地、全面地、整体地观察，把功夫下在平时，并注意重大关头、关键时刻表现，既在"大事"上看人，又在"小节"上察人，既要看当下表现，又要看长期表现；既看怎么说，更看怎么做。

3. 辩证识人

这是识人的基本规则，核心要义是辩证思维，切忌教条僵化。要运用辩证识人的方法，由表及里、由此及彼地进行"体检式"分析。人都有个性和优缺点，不能求全责备，很多时候，个性鲜明、有缺点、有争议的人，往往能干事，而且干事越多暴露的缺点可能也越多，争议也越大。对此，要辩证看待，正确引导，特别是对那些勇担当、有本事，坚持原则、不怕得罪人的人，要为他们撑腰鼓劲。

4. 发展识人

这是识人的普遍原则，核心要义是发展变化，切忌静止不变。伯乐相马，之所以慧眼识出那匹"拉车没力气，吃得太多，骨瘦如柴"的马是千里马，其秘诀就是用发展的眼光去挑选，所以"世有伯乐，然后有千里马。千里马常有，而伯乐不常有"。刘备三顾茅庐请诸葛亮出山，关羽、张飞皆不以为然，而刘备用的则是发展识人的眼光，坚持礼贤下士。需要强调的是，要用发展的观点识人，重在看本质、看发展、看潜力，这对年轻人尤其重要。

（三）识人水平的提高

组织工作是一门科学，专业性很强，要有过硬的专业能力、专业精神。组工干部作为选人用人工作的直接把关者，只有练就一双识人慧眼，才能真正把政治坚定、为民服务、勤政务实、敢于担当、清正廉洁的好干部识别选用起来。

1. 增强"三力"：鉴别力、凝聚力和感染力

（1）要全面了解人，增强鉴别力。组工干部在识人用人、考察干部的过程中，要经常深入基层一线，同广大干部接触、交流和沟通，对各个层面、各种类型的干部优缺点做到胸中有数。在考察干部时，要将考察范围由工作圈向生活圈、社交圈延伸，将干部考察同年度考核、平时掌握的情况、突发事件时的表现结合起来，由集中考察向日常考察延展、由实地面谈考察向收集社会反映延展、由上班期间表现考察向"八小时之外"表现考察延展，全面准确了解掌握干部情况。

（2）要正确对待人，增强凝聚力。要放宽选人用人眼光，正确认识每个干部性格中的优缺点，既要看"热点"，又要看"冷点"；既要看"短期"，又要看"长远"。特别是在班子配备时要充分考虑班子成员之间的个性、气质、能力等因素，用人之长，避人之短，科学搭配各种个性的干部，绝不能因为一个墨点而放弃整张白纸，也不能走进"一美遮百丑"的看人误区。

（3）要主动关心人，增强感染力。对干部个人而言，满足意愿、恰逢其时、人岗相适，才能让干部的才干发挥出最大效能，从而为改革发展巩固根基。只要大力倡导人文情感关怀，不断强化"三个留人"的激励机制，及时走访慰问生病和困难的党员、干部、人才等，从政治上加强培养、从工作上严格要求、从生活上关心爱护，就会让大家感受到组织部门这个大学校的风范、大熔炉的锤炼、大家庭的温暖。

2. 用好"三镜"："显微镜""望远镜"和"透视镜"

（1）善用"显微镜"。在干部考察中，要秉着求真求实的态度来看问题，多角度观察干部，不仅要考察干部的学历、工作业绩、专业素养、能力水平，还要用发展的眼光来看问题；不仅了解干部的过往业绩，还得用实事求、求真务实的态度来看待现在的岗位能力和履职情况。

（2）善用"望远镜"。每一名干部都有隐藏的"潜能"，组织部门要

用好"望远镜",透过干部身上的现状,看透干部身上隐含着还未显现出来的品质。通过日常走访和观察,了解干部的进取心、创新意识和学习能力等潜质。注重把表里如一、言行一致作为重要"指标",并通过有针对性的培训和轮岗交流等方式,充分发掘干部身上的潜力,适时使用激发更大能量。

(3) 善用"透视镜"。干部考察是一项严肃的工作,只有从严把好"监督关",才能选出好干部、用上真贤才。要把考察工作放在监督的聚光灯下,督促干部"洗澡""照镜子"。需要强调的是,把好干部选拔任用入口关和程序关,不仅要"人盯人""人管人",更要用制度管权管事管人,把监督贯穿干部考察全过程,及时发现干部政治素质方面存在的潜伏性、苗头性问题,真正把干部考实考准考精。

三、识人与干部考核

考核干部要经常化、制度化、全覆盖,既把功夫下在平时,全方位、多渠道了解干部,又要注重了解干部在完成急难险重任务、处理复杂问题、应对重大考验中的表现,既在小事上察德辨才,更在大事上看德识才,要通过全方位、多维度、多角度的"精察",进而达到"识人"目的。

(一) 考核干部的角度

1. 要站在一定的高度看事物、识干部

站得高才能看得远,见多识广看问题才精准,这是认清事物、识别事物的基本规律和科学方法。站在一定的高度看待事业、识别干部,这个高度就是政治标准、政治方向、政治路线。一方面,标准要高,坚持用好干部标准选人用人,具体体现在把好政治关、作风关、能力关、廉洁关上,对政治上和廉洁上有问题的"零容忍",坚决防止"带病提拔",深入考察人选的政治信仰、政治立场、政治定力、政治品格,了解人选的言行特征和原则底线。另一方面，方向要准，选人用人工作政治性、政策性、导向性强，牵一发而动全身，对于坚持什么、不坚持什么要特别清楚，凡是涉及政治方向、重大原则和根本性制度，必须头脑清醒、方向清楚、立场坚定、稳扎稳打。

2. 要经常性、近距离、有原则地接触干部

要把讲不讲原则作为衡量干部是否称职的重要标准和检验党性的试金石。要把功夫下在平时，多渠道、多层次、多侧面深入了解、全面掌握干部的德才表现，有原则地多接触干部。一是讲党性，党性原则是坚持原则的核心，重点是坚持党管干部原则不动摇，坚持党的政治领导、思想领导和组织领导相统一，时刻站在全党大局和人民群众立场上考虑问题、识别干部。二是有方法，善于透过现象看本质，从细微处见真实，近距离接触干部，多角度持续观察干部，从对重大问题思考看见识见解，从对群众感情看品质情怀，从履行岗位情况看工作态度，从完成急难险重任务中看能力水平，从关键时刻表现看立场态度，从对待个人名利的态度中看境界格局，从日常生活表现中看作风形象。三是敢担当。为敢于担当的干部担当，为好干部说公道话，让好干部真正受尊重、受重用，坚决避免出现"劣币驱逐良币"的逆淘汰现象，推进干部能上能下，充分调动干部干事创业的积极性（晓山，2019）。

（二）考核干部的策略

1. 注重平时表现

要重视平时考核了解，避免不提拔调整不谈话、不进入考察程序不见面等问题，加强对干部日常工作和平时表现了解，形成识人的好习惯。要强化日常了解，就要多把功夫用在平时、融入日常，把干部的平时表现、一贯状态作为考核重点，多了解政治态度、担当精神、工作思路、工作进展，特别是对待是与非、公与私、真与假、实与虚的表现情况，详细了解掌握干部的"朋友圈""生活圈"和家教家风情况，为干部画准"像"，让他们感受到组织随时就在身边，增强对组织的信赖感。

2. 坚持分级分类

要强化分级分类，掌握不同类别班子的专业化配备要求，坚持按需配备、注重分类施策，防止班子中同一类型干部或熟悉领域、成长经历相似甚至相同的干部过于集中。要区别对待资源禀赋、基础水平、发展阶段、主体功能区定位不同的地区，注重分析研判不同区域、行业、级别和不同年龄段干部特点，设置突出工作特点和岗位职责的考核评价指标，对不同岗位的干部有不同的考核要求，根据工作态度表现、任务目标完成情况和作风纪律情况等分级分类评价，真正发挥好考核"指挥棒"作用。

3. 多听群众意见

干部业绩在实践，干部声名在民间，焦裕禄、孔繁森等都是政治上坚定、品德上优良、作风上过硬的好干部，得到了群众一致的肯定和认可。"金杯银杯不如群众的口碑"，在考核干部时，要多走进基层干部群众、多倾听乡语口碑，在述职述责、民主测评、谈话了解的基础上，深入干部工作、生活的环境中听取、收集和掌握第一手资料，掌握干部对群众的感情、对待名利的态度和为人处世的方式，把敢不敢扛事、愿不愿做事、能不能干事、干了多少事作为识别干部、评判优劣的重要标准。

四、识人工作实践探索以及对科研事业单位的启示

（一）实践探索

近年来，为了破解干部工作中知人不深、察人不细、识人不准、考核结果"千人一面"等难题，某单位构建质量导向考评体系，探索形成了深度考评、分类排序、交叉印证、综合研判的考评新机制，打造知事识人体

系，充分发挥考评的"风向标"作用，激发干部干事创业热情（牛聪，2020）。

1. 多层次深度考评，挖掘干部个性化特征

该单位将"领导班子和领导干部年度考核""经济社会发展目标考核""作风建设暨反腐倡廉建设考核"三考合一，形成了年度考核、党的建设高质量考核、经济社会发展高质量考核和精准脱贫、乡村振兴、污染防治等专项考核的"3+x"年度综合考核框架。同时，细化考核要素，拓展考评深度和层次，互为补充、相互印证干部表现，全面立体地挖掘掌握干部个性化特征。

开展"政去留声"评价，对调离原单位五年以内的干部，到其原单位进行溯源测评，了解干部的以往表现，历史地评价干部；开展行为特征评价，聚焦领导能力、业务能力、决断能力、执行能力、社交能力五项内容、十二条标准，正反双向评估干部的性格、专长等倾向性特征，辩证识别干部适岗度；开展第三方民意调查，广泛听取上级领导、身边同事、职工群众和所在支部党员干部等各方意见，全方位了解干部。多层次考评中，该单位强调"深度访谈"，要求考核时每名谈话对象谈话时间不少于半小时，深入听取考核对象所管的人、管他的人和服务过的人的意见反响，力求"谈够""谈透""谈准"。

2. 分类纵横双向比，提高"画像"区分度

为了解决"领导班子成员个个满分，你好、我好、大家都好"等考核结果无差别问题，该单位本着职能相近、指标可比的原则，根据考核情况、测评结果和分管领导评价意见，对考核对象实施差异化分类排序，有效区分干部表现优劣。有的干部表示，"通过纵横双向比较，既增强了班子成员之间比学赶超的意识，又提高了班子成员聚焦主责主业、创先争优的干事劲头"，具体表现如下。

对领导班子成员在本单位进行纵向排序，对党政正职和副职进行全系统相同岗位间横向排序，对年轻副职干部、"女少非"干部在全系统进行专项排序。通过多维度、纵横向的排名比较，准确定位出每位领导干部在本班子、本单位以及全系统领导干部中的坐标，用数据语言评估干部，提高知事识人质量。领导班子成员，不仅要在本单位班子成员中对比，还要跟其他单位班子成员比，同样的职位，干得好不好，一目了然。

3. 交叉印证综合研判，精准培养使用干部

考核结果是一面映照干部表现的明镜，也是培养使用干部的重要参考。该单位探索建立干部职数管理台账、基本信息库、实绩信息库、监督信息库、综合考核信息库"一台四库"数据平台，在此基础上开发干部工作智慧管理系统，充分运用大数据思维，依据排序结果，在交叉点上掌握优秀干部、发现问题干部，强化结果使用，促进人事相宜，推动干部发扬成绩，改进不足。

各项排序中排名均靠前的干部，确定为重点培养对象，提拔时予以优先考虑；现职评价排序靠后、"政去留声"评价较好的干部，着重考虑干部能力特点与现任岗位是否匹配，形成研判意见；现职评价排序靠前、"政去留声"排名靠后的干部，追踪了解干部成长轨迹，持续跟进关注其动态表现；各项排序中排名均靠后的干部，深入剖析原因，采取组织谈话提醒、加强教育、限期改正等措施加强管理。对班子进行结构性、预测性研判，根据情况作出"坚强有力、运行正常、需重点关注"3类评价，为有针对性加强领导班子建设提供依据。通过综合分析考核结果，全面掌握单位党组管理的领导班子和干部队伍建设情况，对班子的优化方向、干部使用意见等进行评判，对潜在问题有针对性地制定解决预案。"如果'一把手'对班子成员的评价意见与考核组掌握的考评意见相去甚远，则要注意该单位'一把手'是否存在用人不公、任人唯亲的问题。"

（二）现实思考

对农业科研单位干部的考核评价包括平时考核评价、任职前考核评价

和定期考核评价3种类型。平时考核评价是指经常性考核评价，是通过检查工作、个别谈话、专项调查、派人参加领导班子民主生活会和年度总结工作会等多种形式和渠道，了解干部的有关情况；任职前考核评价一般按干部选拔任用的有关规定进行，是对干部拟任职务而进行的定向考核评价；而定期考核评价是对干部一定时间内的全面考核评价。通常意义上讲的考核评价，一般是指以年度为时间界限的定期考核评价。随着干部人事制度改革的不断深入，干部考核评价的机制在逐步健全，方法也在不断完善，但在实际工作中，可能存在考核评价的方法比较单一、缺乏系统设计，考核评价的内容针对性不强、缺乏立体建构，考核评价的结果作用不大，缺乏匹配统筹等现象，需要避免考核结果掺杂感情印象分、表达意愿不真实，对干部的"真本领""真性情"了解不够和考核与选拔使用、教育监督脱节等问题。

（三）工作启示

干部考核评价是干部工作的指挥棒，建立科学合理的干部考核评价体系是科研单位培养好干部的重要环节。好干部要做到信念坚定、为民服务、勤政务实、敢于担当、清正廉洁。对于科研单位而言，应以好干部标准为出发点和落脚点，立体建构干部的考核评价体系。

1. 构建以实绩为主的立体考核内容指标体系

考核工作的核心是突出实绩考核，以实考促进实干。"信念坚定、为民服务、勤政务实、敢于担当、清正廉洁"的好干部标准，可概括为"德、能、勤、绩、廉"5个方面，落实到单位应突出实绩考核，从思想政治建设、领导能力、工作实绩、党风廉政建设等方面入手，形成干部的考核内容指标体系。所谓德，主要考核干部坚持政治方向、全局观念、维护科研单位大局，坚持执行民主集中制、党政联席会议制度或所（处）务会制度等情况。能，主要考核干部政策水平、创新能力、组织协调能力、业务能力以及科学决策、依法办事、推动发展等情况。勤，主要考核干部精神状态、工作作风、工作到位以及科学研究、管理效能、服务质量、安全稳定等目标任务完成情况。绩，主要考核干部履行职责成效、解决复杂问题和矛盾等情况。廉，主要考核干部廉洁自律和落实党风廉政建设责任制等情况。实绩考核是科研单位干部考核的重点，也是难点，要注重把定量考核引入干部实绩考核评价体系，客观反映干部的工作业绩和履职情况（吴玲，2015）。

2. 构建上下联动、左右结合的立体评价操作体系

当前，科研单位干部考核评价工作在实践操作层面容易走极端，有的考核很大程度上取决于职工民意，而有的完全取决于领导对干部的看法和认识。为此，应克服这些倾向，把履行职责的实际成效作为基本依据，综合运用民主测评、横向评价、纵向评价和实绩考核等方式，构建上下联动、左右结合的立体实践操作体系。一方面，在实绩考核为主的基础上，强化民主测评和纵向评价，促使干部做到境界向上、眼睛向下、重心下移，从而实现上下联动。民主测评主要是对照"好干部"标准，让职工群众对干部的现实表现、履职情况进行调查评价，解决当干部是为了谁的问题，要让每位干部在乎职工群众的看法、想法，实实在在为科技人员服务。纵向评价主要是通过院所领导的评价，纵向了解年度工作情况和履职情况，通过所级正职的评价，纵向了解该研究所副职或其他领导干部的履职情况。另一方面，增设横向评价，促使干部注重部门之间、单位之间的协同配合，从而实现部门左右工作的有机结合。横向评价主要是通过中层干部代表的评价，横向了解工作情况及公众形象，要让每一位干部不仅在乎本单位职工的评价，还要在乎单位部门之间的协作与配合。横向评价和纵向评价的内容主要包括推动科学发展、工作作风、公众形象等方面情况，具体包括工作满意度、作风、廉洁、公众形象等评价要点。根据不同时期科研单位的具体情况，以及群众关注的突出问题，横向评价和纵向评价内容可以有针对性地进行调整（张绍荣，2015）。

第五章
选拔任用体系建设

第一节 什么是好干部

一、好干部的时代内涵

好干部的标准是历史的、具体的，有着鲜明的时代特征，折射出我们党在新时代特定历史方位下的客观要求，反映了广大人民群众对我们党进行干部队伍建设的整体期望。

(一) 信念坚定

理想信念是价值观的核心形态信念，坚定的信仰信念，是我们党独特的政治品格和优势，是良好的文化基因和精神代码。理想信念是共产党人精神上的"钙"，没有理想信念，精神上就会容易"缺钙"，就会得"软骨病"。领导干部只有在实践中坚持正确的政治方向，保持清醒的头脑，提高政治站位，筑牢政治立场和信仰，才能树标杆、立潮头，立足岗位做好本职工作，为新时代中国特色社会主义事业而奋斗。

(二) 为民服务

任何时候都必须把人民利益放在第一位，把实现好、维护好、发展好最广大人民根本利益作为一切工作的出发点和落脚点。古人云："天视自我民视，天听自我民听""民之所欲，天必从之"。全心全意为人民服务是我们党的根本宗旨，也是体现好干部有担当、有作为的重要标准。新时代的好干部要弹奏为人民服务的乐章，就应该厚植民心，带着深厚感情做群众工作，坚定人民立场，坚守民生情怀。

（三）勤政务实

要恪尽职守，勤于政事，讲究实际、实事求是，认真负责地做好本职工作。求真务实，干在实处，走在前列谋新篇，是我们党可贵的品质；真抓实干，专心谋事，奋勇前行，是干事创业的不二法门。党的干部必须勤勉敬业、求真务实、真抓实干、精益求精，创造出经得起实践、人民、历史检验的实绩。新时代，好干部要出真招、下实功，牢固树立务实笃行的理念，多一些亲力亲为。

（四）敢于担当

要敢于承担责任，关键时刻敢挑担子，在责任面前不回避、不推诿、不退缩。比认识更重要的是决心，比方法更关键的是担当。担当大小，体现着干部的胸怀、勇气、格调，有多大担当才能干多大事业。这就要求好干部必须有责任重于泰山的意识，坚持人民利益作为自己的工作出发点和落脚点，多一分进取、少一分安逸，尽心竭力落实好各项工作，成为我们党事业发展的动力之源。

（五）清正廉洁

要光明磊落，不以权谋私，不贪财物。党风廉政建设和反腐败斗争永远在路上，廉洁修身依旧是新时代好干部把好思想关、作风关的重要内容。党的干部必须敬畏权力、管好权力、慎用权力，守住自己的政治生命，永葆拒腐蚀、永不沾的政治本色。好干部要始终握牢思想的方向盘，固根铸魂，勿使小节成大恶，心中警钟时刻鸣。

二、好干部选任标准的历史演变

（一）我国古代选拔官吏的演变历程

干部选拔制度在我国有着丰富的实践历史。作为巩固统治、加强中央集权的重要建设内容，古代封建王朝对官吏的选拔制度十分重视，每个朝代根据对官吏的管理侧重点的异同，形成了不同特色的官吏选拔制度，满足了当时社会发展和国情需要，具有代表性的有"世卿世禄制""察举制""九品中正制"和"科举制"。

1. 世卿世禄制

盛行于夏、商、周时代，禅让制遭到破坏后，世卿世禄制登上历史舞台，选拔官员时以有血缘、婚姻关系的人员为主，特点是王权与族权统一，相关权力不断延续和传承给子孙后代。这种选拔制度容易造成阶层固化，普通民众多数没法进入仕途。

2. 察举制

察举制是指中央或者地方的官员根据所规定的考察内容，在全国范围内的各个阶层进行考察和推荐，最后向中央举荐推贤举能的选官制度，这是古代封建王朝对选拔官吏的一种创新举措，扩大了发现人才的途径，为广大寒门子弟搭建了广阔的舞台。

3. 九品中正制

盛行于南北朝时期，由中央选出具有经验又被君王信任的官员，出任其出生州郡的"中正官"，中正官到其出生的州郡去品人才，经中正官的考察和刷选，把本地人才分出九等，上报朝廷。九品中正制有利于划分人才，为统治者提供使用人才依据，但这种官员选拔制度将用人大权交付给"中正官"，容易导致权力寻租现象。

4. 科举制

由国家统一设立考试科目，定期举行考试，根据考试成绩进行选拔官员的一种制度。科举制对古代中国的影响巨大，隋唐明清4个朝代均沿用科举制授予官职，沿用近1 300多年。通过公开的考试竞争方式选拔人才，择优录用，克服了九品中正制只看门第高低的选拔人才制度，为广大寒门士子走向仕途创造了机会。

第五章　选拔任用体系建设

（二）我党选拔干部的演变历程

中国共产党坚持"德才兼备、以德为先"的干部选拔任用工作方针，这是长期以来对干部选拔工作的科学总结，但在不同的历史时期，经过几代党和国家领导人的深刻总结和论述，具有不同的时代烙印、含义和具体表现，推动了选人用人工作不断与时代发展、党的中心任务等相结合，为我国社会主义改造、建设和改革选拔了一批优秀的领导干部提供了根本遵循。

例如，在又红又专的标准下，党员干部继承和发扬马克思主义思想，练就工作技能，满足了当时国家对各行业干部人才的需求，对恢复经济发展和社会主义改造起到重要作用。坚持"四化"方针，即坚持革命化、年轻化、知识化、专业化，给当时的干部工作指明了方向，尤其是提出"知识化"和"专业化"后，培养了一批懂技术、会管理、精通业务的干部。高素质干部队伍是在继承之前"四化"内容和精神的基础上，结合当时的实际形势，提出契合新时期选拔任用领导干部的标准。第十七届中央委员会第四次全体会议通过的《中共中央关于加强和改进新形势下党的建设若干重大问题的决定》，明确指出"德才兼备、以德为先"作为选拔任用干部的标准，其中德的核心是强调党性。

上述选拔任用干部标准虽在不同的历史背景下提出，但每一条标准都是在前者的基础上，不断继承发展、与时俱进，并重塑思想和政治生态，为促进干部的发展提出了具体的要求，有力推动了我国在革命、建设和改革等时期的事业发展。

第二节　怎样成长为好干部

党的十九大以来，一系列新时代好干部标准重要论述，为各级党组织建设高素质专业化干部队伍指明了方向。在实际工作中，着力培养一支"四有""五个过硬""四个铁一般"的新时代高素质专业化干部队伍，既是落实国家领导人的讲话精神，也是新时期干部队伍建设和培养的重要抓手。

一、自觉践行"四有"要求

2015年1月，习近平同志在中央党校第一期县委书记研修班学员进行座谈时提到，做县委书记就要做焦裕禄式的县委书记，始终做到心中有党、心中有民、心中有责、心中有戒。心中有党、心中有民、心中有责、心中有戒，这是一个全面的、系统的、本质的理论阐述，也是对党的信仰、宗旨、目标、纪律的高度和全面的概括要求。

（一）心中有党

心中有党，是具体的而不是抽象的。作为党的干部，不论在什么地方、在哪个岗位上工作，都要增强党性立场和政治意识，经得起风浪考验。好干部要时刻牢记自身的使命担当，铁心向党，坚持正确的政治方向和政治信仰，思想上与党中央的步伐保持一致，坚决维护党中央权威，积极响应党中央的方针政策，用习近平新时代中国特色社会主义思想去武装头脑，扎实学习和掌握理论知识，以强烈的事业心和高度的责任感做出表率。

（二）心中有民

我们党的最大政治优势是密切联系群众，党执政后的最大危险是脱离群众。好干部要时刻牢记着民心是最大的业绩，民意是工作实绩的准绳和价值尺度，要筑牢为民情怀，以"不忘初心、牢记使命"主题教育为抓手，将以人为本、工作为民的理念落实到各项工作中，维护人民的根本利益。

(三) 心中有责

责任是一种能力和品质,能体现出干部的党性,是党员干部最鲜明的政治基因。党员干部要不断聚焦任务,增强紧迫感,兢兢业业做好日常工作,在各项工作中毫不动摇、百折不挠贯彻落实党中央决策部署,不打任何折扣,不耍任何小聪明,不搞任何小动作,做到敬业守责、以责问效、尽心尽力,增强责任感,在关键时刻和危急关头豁得出来、顶得上去、经得住考验。

(四) 心中有戒

古人云:"凡善怕者,必身有所正,言有所规,行有所止。"广大党员干部只有心存敬畏,才会"思"而出乎理智、"做"而有所顾忌、"行"而不忘法纪。领导干部的权力是党和人民所赋予的,是为党和人民做事用的,要正确行使权力,依法用权、秉公用权、廉洁用权,做到心有所畏、言有所戒、行有所止。党中央提倡的坚决响应,党中央决定的坚决照办,党中央禁止的坚决杜绝,要心存敬畏,增强公仆意识,经常对照党章检查自己的言行,慎独慎微,就能在大局面前多一份清醒,永葆共产党人政治本色。

二、努力打造"四铁"队伍

2015年12月,习近平同志在全国党校工作会议上强调,实现全面建成小康社会奋斗目标、实现中华民族伟大复兴的中国梦,关键在于培养造就一支具有铁一般信仰、铁一般信念、铁一般纪律、铁一般担当的"四铁"干部队伍,这既为当下各级党员领导干部更加坚定理想信念作出新的安排和部署,又为当下各级党员领导干部更加严守政治纪律指明新的内容和方向。

（一）锤炼铁一般信仰

铁一般信仰就是要坚定对马克思主义的信仰。做"铁一般"信仰的干部，在学懂弄通马克思主义内涵的基础上，最重要的是心中有信仰的火炬，融入血脉灵魂不断用行动去浇灌信仰之花，用行动去实现和肩负起全面建成小康社会、实现中华民族伟大复兴中国梦历史使命。

（二）筑牢铁一般信念

理想信念是共产党人精神上的"钙"，缺乏理想信念，或者理想信念不坚定，精神上就会容易"缺钙"，得"软骨病"。全面实现小康社会和实现中华民族伟大复兴的中国梦，是全体党员干部的信念，也是广大人民群众的殷切期盼。党员干部要筑牢思想之基，将理想信念转化成正能量，挺起精神脊梁，把宏大的雄心壮志展现成正形象，投入到实现"两个一百年"进程中。

（三）严守铁一般纪律

良好的纪律是党员干部的基本素质。要把纪律挺在前面，要严明党的政治、组织等纪律，要使纪律真正成为带电的高压线，通过严明规范和纪律来战胜风险挑战。党员干部要严格落实好党内各项规章制度，经得起人民群众的评判，在日常工作生活中以"铁一般"的纪律来严格要求自己。

（四）践行铁一般担当

看党员干部就是看担当，看肩膀能否承担起组织交付的重任，能否负重前行，能否在面对危机时保持定力和挺身而出，面对困境时迎难而上，切实扛起人民群众应该扛起的责任，尽心竭力，兢兢业业做好工作。

三、切实做到"五个过硬"

2018年1月,习近平同志在学习贯彻党的十九大精神研讨班开班式上的重要讲话中强调,深入阐述推进党的建设新的伟大工程要一以贯之的重要性,对中央委员会成员和省部级主要领导干部提出了信念过硬、政治过硬、责任过硬、能力过硬、作风过硬的五点要求,指出了进入新时代踏上新征程党员领导干部应当具有的精气神和硬素质,体现了马克思主义执政党的自我革命勇气与政治自觉。

(一) 信念过硬

共产主义远大理想激励了一代又一代共产党人英勇奋斗,成千上万的烈士为了这个理想献出了宝贵生命。这些视死如归、大义凛然的誓言生动表达了共产党人对远大理想的坚贞。理想之光不灭,信念之光不灭,党员干部要做到信念过硬,做共产主义远大理想和中国特色社会主义共同理想的坚定信仰者和忠诚实践者,筑牢政治灵魂,举牢理想旗帜。

(二) 政治过硬

党的十九大报告中提出,把党的政治建设摆在新时代党的建设首位。广大党员干部要做到政治过硬,树立政治意识,最根本的遵循就是党性过硬,保持政治定力和战略定力,自觉把握大势、服务大局,不断自我约束、自我改造,提高抵御各种风险挑战的能力。

(三) 责任过硬

党员干部要以强烈的事业心和高度的使命感,坚持以人民为中心的发展思想,兢兢业业做好各项工作,做到敬业守责、尽心尽力,在风险挑战面前挺身而出,发扬我党的艰苦卓绝的优良作风,以我将无我、不负人民的精神担当尽责,将工作蓝图变为现实。

(四) 能力过硬

在能力素质中,最见火候和功夫的,就是考验一位党员干部面对困境的定力、寻求解决问题的毅力和抗击压力的承受力。在日常工作中,既要有"本领恐慌"的危机感,也要有"能力不足"的忧患感,始终坚持以时不我待和抓紧抓实的精神,在干事中长本事,在历练中变老练,在实践锻炼中练就把握全局、谋划发展的战略能力。

(五) 作风过硬

作风过硬是一名优秀共产党员的基本素养,作为一名优秀的党员干部就要自觉践行党的宗旨,保持为民本色,谦虚谨慎、不骄不躁的光荣传统,在面对工作挑战时,敢于站队首、立潮头,在具体工作中坚持高标准、严要求,踏踏实实干事业,勤勉高效展作风。

第三节 正确选拔配备好干部

选拔任用党政领导干部,必须把政治标准放在首位,符合将领导班子建设成为坚持党的基本理论、基本路线、基本方略,全心全意为人民服务,具有推进新时代中国特色社会主义事业发展的能力,结构合理、团结坚强的领导集体的要求。树立注重基层和实践的导向,大力选拔敢于负责、勇于担当、善于作为、实绩突出的干部。注重发现和培养选拔优秀年轻干部,用好各年龄段干部。统筹做好培养选拔女干部、少数民族干部和党外干部工作。对不适宜担任现职的领导干部应当进行调整,推进领导干部能上能下。

第五章 选拔任用体系建设

一、干部选拔任用的制度演变

(一) 2002 年 7 月颁布实施阶段

《党政领导干部选拔任用工作条例》颁布实施,共计十三章七十一条。条例体现了"三个代表"重要思想,贯彻了中央对干部选拔任用工作的新要求,吸收了干部人事制度改革的新成果,是党关于党政领导干部选拔任用工作必须遵循的基本规章,也是从源头上预防和治理用人上不正之风的有力武器。条例的颁布和实施,对于建立健全科学的干部选拔任用机制和监督管理机制,推进干部工作的科学化、民主化、制度化,对于形成朝气蓬勃、奋发有为的领导集体,保证党的基本路线的贯彻执行,保证党的事业的兴旺发达和国家的长治久安,具有十分重大的意义。

(二) 2014 年 1 月修订印发阶段

2013 年 12 月 30 日,中共中央修订《党政领导干部选拔任用工作条例》,并于 2014 年 1 月印发修订后的条例,要求各地区各部门结合实际认真遵照执行。条例对干部选拔任用制度进行了修改完善,将信念坚定、为民服务、勤政务实、敢于担当、清正廉洁好干部的五条标准写进总则,坚定不移地体现着党对干部任用一以贯之的德才兼备、以德为先标准,又充分体现出干部标准的时代内涵,体现了正确的用人导向。其中,在保持原有框架和内容总体稳定的基础上,增设"动议"一章,拆分"酝酿"一章,并将有关要求分别体现到选拔任用的各个环节之中。动议、民主推荐、考察、讨论决定、任职 5 个环节,构成了干部选拔任用工作的基本流程。同时,明确群众公认度不高的不得列为考察对象,从而起到挡住民意较差干部的"门槛"作用;对破格提拔这一制度安排从严规范,针对社会上广为关注的"裸官"和官员"复出"问题也进行了明确严格的规定。

(三) 2019 年 3 月修订印发阶段

中共中央印发修订后的《党政领导干部选拔任用工作条例》，要求各地区各部门结合实际认真遵照执行。主要体现如下。

1. 进一步突出政治标准要求

进一步强化和明确了干部选拔任用的政治标准和政治要求。比如，明确"选拔任用党政领导干部，必须把政治标准放在首位"；在基本条件中增加"自觉坚持以习近平新时代中国特色社会主义思想为指导、牢固树立'四个意识'、坚定'四个自信'、坚决做到'两个维护'"等要求；增加"违反政治纪律和政治规矩的"不得列为考察对象的内容；在考察内容中增加"突出政治标准，注重了解政治理论学习情况，深入考察政治忠诚、政治定力、政治担当、政治能力、政治自律等方面的情况"等。

2. 进一步落实全面从严治党

适应推进全面从严治党向纵深发展需要，充分吸收和有效衔接有关制度成果，进一步把从严要求贯穿干部选拔任用工作全过程。例如，强调党委（党组）及其组织（人事）部门"切实发挥把关作用"；增加"凡提四必"、党委（党组）书记和纪委书记（纪检监察组组长）在考察对象廉洁自律结论性意见上"双签字"等要求；在"讨论决定"部分专门明确了不得提交会议讨论的 8 种情形；明确提出不准"由主要领导成员个人决定任免干部"、不准在"主要领导成员即将达到任职年龄界限、退休年龄界限或者已经明确即将离任时，突击提拔、调整干部"等。

3. 进一步激励干部担当作为

着眼调动和保护干部队伍积极性，增加了激励干部担当作为的有关内容。比如，要求"大力选拔敢于负责、勇于担当、善于作为、实绩突出的干部""对不适宜担任现职的领导干部应当进行调整，推进领导干部能上能下"；在基本条件中增加"主动担当作为""有斗争精神和斗争本领"；

提出"对符合有关规定给予容错的干部，应当客观公正对待"等。

4. 拓宽选人用人渠道视野

着眼进一步拓宽视野、畅通渠道，增加了"注意从企业、高等学校、科研院所等单位以及社会组织中发现选拔"党政领导干部、"加大干部交流力度""推动形成国有企事业单位、社会组织干部人才及时进入党政机关的良性工作机制"等内容。

5. 体现选人用人精准科学

充分贯彻和体现了精准科学选人用人的理念。例如，增加"事业为上、人岗相适、人事相宜"原则；提出确定考察对象应当"将民主推荐与日常了解、综合分析研判以及岗位匹配度等情况综合考虑"；突出强调了对政治标准、道德品行、专业素养等方面的考察要求，提出"针对不同层级、不同岗位考察对象，实行差异化考察"，将同考察对象面谈作为考察干部的必经程序单列出来；提出考察材料"评判应当全面、准确、客观，用具体事例反映考察对象的情况"等。

6. 调整充实"分析研判和动议""民主推荐"环节

动议是干部选拔任用工作的重要基础，很大程度上影响着干部选拔任用工作的走向和结果。2014年修订《党政领导干部选拔任用工作条例》时，将动议单列为一章，作为干部选拔任用工作的初始环节，在实践中反响比较好。这次修订，针对一些地方和部门在具体工作中存在的对干部日常了解不够、综合分析研判不到位、程序操作随意性比较大等问题，将"动议"一章的标题修改为"分析研判和动议"，增加"加强日常了解和分析研判"条款，并对动议的主体、时机、内容、程序、要求等作了规范，从程序上促进干部选拔任用工作重心前移，推动组织人事部门把更多精力放到研究班子、研究干部、研究队伍建设上。充分借鉴和吸收近年来领导班子换届和"两委"人选考察的经验做法，着眼进一步提高民主质量，对民主推荐环节进行了调整和完善。比如，改进民主推荐方式，将"个别谈话推荐"改为"谈话调研推荐";明确换届时先进行谈话调研推荐再组织会议推荐,个别提拔任职时一般先进行谈话推荐,必要时也可以先进行会议推荐,符合有关条件的还可以不再进行会议推荐;取消二次会议推荐等。

7. 重新定位"公开选拔、竞争上岗"

结合党的十八大以来干部工作实际,对"公开选拔、竞争上岗"进行重新定位,由原来"党政领导干部选拔任用的方式之一"调整为"产生人选的一种方式",不再单列为一章,将相关内容调整到动议环节,并对改进完善工作程序等提出原则性要求。

二、干部选拔任用的工作原则

根据中共中央2019年3月修订印发的《党政领导干部选拔任用工作条例》,目前选拔任用党政领导干部坚持下列原则:党管干部;德才兼备、以德为先,五湖四海、任人唯贤;事业为上、人岗相适、人事相宜;公道正派、注重实绩、群众公认;民主集中制;依法依规办事。其中"事业为上、人岗相适、人事相宜、公道正派"等原则,这是吸收十八大以来选人用人工作中探索形成的实践成果,衔接了近年来出台的相关新政策新法规,回应干部工作中出现的一些新情况新问题,有利于组织人事部门在选拔任用干部的时候,切实根据干部自身的情况,选拔到合适的工作岗位,具有重要的现实指导意义,也有利于进一步推进干部选拔任用工作制度化、规范化和科学化。

根据中共中央办公厅2015年6月印发的《事业单位领导人员管理暂行规定》,事业单位领导人员的管理,应当体现事业单位公益性、服务性、专业性、技术性等特点,遵循领导人员成长规律,激发事业单位活力,推动公益事业又好又快发展。事业单位领导人员的管理,应当坚持下列原则:党管干部原则;德才兼备、以德为先原则;注重实绩、群众公认原则;分级分类管理原则;依法依规办事原则。

中组部、中宣部、教育部等2017年1月发布的《科研事业单位领导人员管理暂行办法》是为加强和改进科研事业单位领导人员管理制定的办法，适用于省级以上政府直属以及部门所属自然科学和技术领域科研事业单位领导班子成员。明确科研事业单位领导人员管理，必须坚持党管干部、党管人才，坚持德才兼备、以德为先，坚持依法依规办事，坚持从严管理监督与激励关怀相结合，注意体现科研事业单位开放度高、探索性强、创新活跃等特点，不简单套用党政领导干部管理模式，公道公平公正地对待、评价和使用领导人员，充分调动积极性、主动性、创造性，促进科技繁荣发展。

三、干部选拔任用的资格条件

一是，《党政领导干部选拔任用工作条例》中明确规定，党政领导干部必须信念坚定、为民服务、勤政务实、敢于担当、清正廉洁，具备下列基本条件。

（1）自觉坚持以马克思列宁主义、邓小平理论、"三个代表"重要思想、科学发展观、习近平新时代中国特色社会主义思想为指导，努力用马克思主义立场、观点、方法分析和解决实际问题，坚持讲学习、讲政治、讲正气，牢固树立政治意识、大局意识、核心意识、看齐意识，坚决维护习近平总书记核心地位，坚决维护党中央权威和集中统一领导，自觉在思想上政治上行动上同党中央保持高度一致，经得起各种风浪考验。

（2）具有共产主义远大理想和中国特色社会主义坚定信念，坚定道路自信、理论自信、制度自信、文化自信，坚决贯彻执行党的理论和路线方针政策，立志改革开放，献身现代化事业，在社会主义建设中艰苦创业，树立正确政绩观，做出经得起实践、人民、历史检验的实绩。

（3）坚持解放思想，实事求是，与时俱进，求真务实，认真调查研究，能够把党的方针政策同本地区本部门实际相结合，卓有成效地开展工作，落实"三严三实"要求，主动担当作为，真抓实干，讲实话，办实事，求实效。

（4）有强烈的革命事业心、政治责任感和历史使命感，有斗争精神和斗争本领，有实践经验，有胜任领导工作的组织能力、文化水平和专业素养。

（5）正确行使人民赋予的权力，坚持原则，敢抓敢管，依法办事，以身作则，艰苦朴素，勤俭节约，坚持党的群众路线，密切联系群众，自觉接受党和群众的批评、监督，加强道德修养，讲党性、重品行、作表率，带头践行社会主义核心价值观，廉洁从政、廉洁用权、廉洁修身、廉洁齐家，做到自重自省自警自励，反对形式主义、官僚主义、享乐主义和奢靡之风，反对任何滥用职权、谋求私利的行为。

（6）坚持和维护党的民主集中制，有民主作风，有全局观念，善于团结同志，包括团结同自己有不同意见的同志一道工作。

提拔担任党政领导职务的，应当具备下列基本资格。

（1）提任县处级领导职务的，应当具有五年以上工龄和两年以上基层工作经历。

（2）提任县处级以上领导职务的，一般应当具有在下一级两个以上职位任职的经历。

（3）提任县处级以上领导职务，由副职提任正职的，应当在副职岗位工作两年以上；由下级正职提任上级副职的，应当在下级正职岗位工作三年以上。

（4）一般应当具有大学专科以上文化程度，其中厅局级以上领导干部一般应当具有大学本科以上文化程度。

（5）应当经过党校（行政学院）、干部学院或者组织（人事）部门认可的其他培训机构的培训，培训时间应当达到干部教育培训的有关规定要求。确因特殊情况在提任前未达到培训要求的，应当在提任后一年内完成培训。

（6）具有正常履行职责的身体条件。

（7）符合有关法律规定的资格要求。提任党的领导职务的，还应当符合《中国共产党章程》等规定的党龄要求。

二是,《事业单位领导人员管理暂行规定》中详细指出,事业单位领导人员应当具备下列基本条件。

(1) 政治素质好,坚持以马克思列宁主义、毛泽东思想、邓小平理论、"三个代表"重要思想、科学发展观为指导,深入学习贯彻习近平总书记系列重要讲话精神,理想信念坚定,思想上、政治上、行动上同党中央保持高度一致,坚决执行党的基本路线和各项方针政策,坚持民主集中制,带头践行社会主义核心价值观,忠实履行公共服务的政治责任和社会责任。

(2) 组织领导能力强,善于科学管理、沟通协调、依法办事、推动落实,有较强的公共服务意识和改革创新精神,工作实绩突出。

(3) 有相关的专业素质或者从业经历,熟悉有关政策法规和行业发展情况,业界声誉好。

(4) 事业心和责任感强,热爱公益事业,求真务实,团结协作,遵纪守法,廉洁从业,群众威信高。担任党内领导职务的领导人员,应当牢固树立党建责任意识,熟悉党务,善于做思想政治工作。正职领导人员,应当具有驾驭全局的能力,善于抓班子带队伍,民主作风好。

事业单位领导人员应当具备下列基本资格。

(1) 一般应当具有大学本科以上文化程度。

(2) 提任六级以上管理岗位领导职务的,一般应当具有五年以上工作经历。

(3) 从管理岗位领导职务副职提任正职的,应当具有副职岗位两年以上任职经历;从下级正职提任上级副职的,应当具有下级正职岗位三年以上任职经历。

(4) 具有正常履行职责的身体条件。

(5) 符合有关党内法规、法律法规和行业主管部门规定的其他任职资格要求。

从专业技术岗位到管理岗位担任领导职务的,其任职资格应当符合上述 (1)、(2)、(4)、(5) 有关规定,并且具有相应的专业技术职务(岗位）任职经历和一定的管理工作经历。特别优秀或者工作特殊需要的，可以适当放宽任职资格。放宽任职资格以及从专业技术岗位到管理岗位担任领导职务正职或者担任四级以上管理岗位领导职务的，必须从严掌握。

三是，《科研事业单位领导人员管理暂行办法》中具体要求，科研事业单位领导人员应当具备下列基本条件。

（1）具有较高的思想政治素质，重视政治理论学习，坚持马克思主义指导思想，坚定共产主义远大理想和中国特色社会主义共同理想，自觉践行创新科技、服务国家、造福人民的价值理念，认真贯彻科技工作方针政策，牢固树立政治意识、大局意识、核心意识、看齐意识，在思想上政治上行动上同以习近平同志为核心的党中央保持高度一致。

（2）具有胜任岗位职责所必需的专业知识和职业素养，熟悉科研业务和相关政策法规，具有相关专业背景，尊重科研工作规律，弘扬科学精神，业界声誉好。

（3）具有较强的组织领导能力，有全局观念，自觉贯彻执行民主集中制，有战略眼光、科研规划能力和开拓创新精神，能够科学决策，注重沟通协调、团结合作。

（4）具有强烈的事业心和责任感，积极献身科技事业，敢于担当，求真务实，忠于职守，勤勉尽责，能够全身心投入工作，实绩突出。

（5）具有良好的品行修养，带头践行社会主义核心价值观，自觉遵守科研伦理道德，尊重人才，尊重创造，严于律己，廉洁从业。

科研事业单位领导人员应当具备下列基本资格。

（1）应当具有大学本科以上文化程度。

（2）一般应当具有五年以上工作经历。

（3）从副职提任正职的，一般应当具有副职岗位两年以上任职经历；从下级正职提任上级副职的，一般应当具有下级正职岗位三年以上任职经历。

（4）具有正常履行职责的身体条件。

(5) 符合有关法律法规和行业主管部门规定的其他任职资格要求。

另外，专业技术人员直接提任领导人员的，应当具有相应的专业技术职务和一定的科研管理工作经历，主要包括以下两方面。

(1) 提任五级、六级管理岗位领导人员的，应当已担任正高级专业技术职务或者两年以上副高级专业技术职务。

(2) 提任四级以上管理岗位领导人员的，应当已担任正高级专业技术职务。

需要注意的是，从企业、社会组织、国（境）外著名高等学校和科研机构等单位选聘的领导人员，应当具有较高的专业水平，一般应当具有在科技研发关键岗位工作或者组织实施重大科技项目的经历。对特别优秀或者工作特殊需要的，可以破格提拔，破格提拔必须从严掌握。

四、"七种能力"引领选人用人

2020年10月，习近平同志在中央党校（国家行政学院）中青年干部培训班开班式上提出，面对复杂形势和艰巨任务，我们要在危机中育先机、于变局中开新局，干部特别是年轻干部要提高政治能力、调查研究能力、科学决策能力、改革攻坚能力、应急处突能力、群众工作能力、抓落实能力，勇于直面问题，想干事、能干事、干成事，不断解决问题、破解难题。这为当前和今后一个时期加强干部特别是年轻干部队伍建设指明了方向、提供了遵循，要将"七种能力"作为选人用人的"风向标"，着力打造新时代高素质干部队伍。

（一）提高政治能力切忌空对空

政治标准是衡量干部的第一标准，在干部的各种能力中政治能力是首位。政治立场稳不稳，政治信仰牢不牢，政治辨别准不准，政治头脑明不明，都要在具体工作中练就，在解决问题中磨砺，在急难险重中摔打。政治能力不是空洞的口号，而是要在具体工作中成长成熟、印证检验。

（二）提高调查研究能力莫要走过场

1930年5月，毛泽东在《反对本本主义》一文中写道，"没有调查，就没有发言权"。干部要发表意见做决策，绝不能坐在屋子里突发奇想虚对虚，而要在工作实践中，反复听取绝大多数群众意见，汇集来自工作一线的实践经验，辨别工作中存在的实际困难和问题，把取得的经验总结推广复制借鉴，把问题查明作为导向克服解决，这就是科学务实的认真态度。

（三）提高科学决策能力杜绝拍脑袋

当今处于信息时代，干部不能仅凭学校学的书本上的东西，办公室电脑上和汇报总结材料上的信息掌握情况，更不能凭经验"拍脑袋"做决策，既要知"底数"，也要明"变数"，更要熟"路数"。干部如何做到胸中有数，而"不畏浮云遮望眼"，就要到群众中"竖起耳朵"听，到急难险重一线撸起袖子干，坚持问题导向补短板，目标导向定举措，结果导向有成效。

（四）提高改革攻坚能力争当实干家

没有从天而降的英雄，只有挺身而出的凡人。改革攻坚一线需要踏实苦干的干部，干部也只有从这样的干事创业环境中提升能力，这种能力就是改革攻坚能力。干部也是平凡的人，不能置身改革攻坚事外坐而论道，只有挺身而出不畏艰难险阻，并运用科学精神和正确的方法，深化改革，化解矛盾，推动创新思维运用在"涉水探险"改革的前沿阵地，改革攻坚才会取得一个又一个辉煌成就。

（五）提高应急处变能力当需练胆识

干部要在变局中开新局，于危机中育新机，就要下好先手棋，打好主动仗，做好随时应对各种风险挑战的准备，做到胸中有数，分类施策，精准施治，对症下药，掌控局面，化险为夷，化危为机。这一切都要求干部要有胆有识。胆识来自哪里？来自长期探索实践、总结提高、经验积累，久而久之，处理急难险重任务的能力就会得以提升。

（六）提高群众工作能力重在解民意

干部要对人民有真感情，心中有爱，脚下有土，才会走得出办公室，深得入群众中，把群众冷暖挂心头，把群众的"小事"当成大事办，不折不扣地落实好中央各项惠民政策，切实解决好群众"急难愁盼"问题。感情有了，态度端了，行为到了，关键还要采取群众容易接受的方法，宣传、教育、带领群众，自觉自愿自我发展。

（七）提高抓落实能力必须下硬茬

一分决策，九分落实。喊破嗓子，不如做出样子。干部要以上率下，以钉钉子精神，抓铁有痕、踏石留印的毅力，克难攻坚、敢于担当的魄力，稳扎稳打向前走，过了一山再登一峰，跨过一沟再越一壑。既要持续发力、久久为功，也要有"功成不必在我、功成必定有我"的忘我境界。这种能力就是驰而不息、逢山开路、遇水架桥的落实能力。

第四节　选拔任用体系实践探索以及对科研事业单位的启示

一、实践探索

党的十九大报告中指出，坚持正确选人用人导向，匡正选人用人风气，突出政治标准，提拔重用牢固树立"四个意识"和"四个自信"、坚决维护党中央权威、全面贯彻执行党的理论和路线方针政策、忠诚干净担当的干部，选优配强各级领导班子。以中国热带农业科学院为例，通过制修订领导干部选拔任用和管理工作制度，突出政治标准，坚持正确的选人用人导向，落实能上能下，切实为担当者担当，为负责者负责，选出好干部，用上真人才。

领导干部选拔任用和管理工作规定（部分内容）如下。

（一）总则

选拔任用领导干部，必须把政治标准放在首位，坚持信念坚定、为民服务、勤政务实、敢于担当、清正廉洁的好干部标准，坚持德才兼备、以德为先，注重实绩、群众公认的原则注重选拔任用熟悉科研规律、擅长管理、廉洁自律和专职管理型的领导干部。

（二）选拔任用条件

提拔担任处级领导干部的，除了应当具有大学本科以上文化程度、五年以上工龄和正常履行职责的身体条件外，还应当具备下列基本资格：

1. 管理人员提任处级领导干部

管理人员提任为正处级领导干部的，应当具有现聘在副处级领导干部岗位（含聘用在管理六级岗位）连续两年以上任职经历，或现聘在管理五级岗位但未明确具体党政职务。

提任为副处级领导干部的，应当具有现聘在正科级干部岗位（含聘用在管理七级岗位）连续三年以上任职经历，或者现聘在管理六级岗位但未明确具体党政职务。

2. 专业技术人员直接提任处级领导干部

专业技术人员直接提任为正处级领导干部的，应具有正高级职称或者三年以上副高级职称；直接提任为副处级领导干部的，应具有副高级以上职称，或者本科毕业满十年且具有中级职称四年以上。其中，直接提任为院属二级单位处级领导班子成员的，还应具有一定的科研管理工作经历。

提拔担任处级领导干部的，应当经过党校、行政学院、干部学院或者组织人事部门认可的其他培训机构的培训，培训时间应当达到干部教育培训的有关规定要求。确因特殊情况在担任前未达到培训要求的，应当在提任后一年内完成培训。

（三）分析研判和动议

院人事处和院属二级单位党组织应当深化对干部的日常了解，坚持知事识人，把功夫下在平时，全方位、多角度、近距离了解干部。根据日常了解情况，对领导班子和干部队伍进行综合分析研判，为院党组选人用人提供依据和参考。

院人事处根据工作需要和领导班子、干部队伍建设实际，结合综合分析研判情况，提出启动处级干部选拔任用工作意见。

院属二级单位党委可综合考虑单位发展需要、干部队伍建设实际、干部职数空缺情况、分析研判结果等，向院人事处书面提出建议启动本单位处级干部选拔任用工作的报告。其中，单位党政主要负责人对其内设机构处级干部有推荐权。

院人事处综合有关方面建议和平时了解掌握的情况，对领导班子和干部队伍进行动议分析，就选拔任用的职位、条件、范围、方式、程序和人选意向等提出初步建议。

公开选拔、竞争上岗一般适用于副职领导职位，结合岗位特点，坚持组织把关，突出政治素质、专业素养、工作实绩和一贯表现，防止简单以分数、票数取人。

(四) 民主推荐

选拔任用领导干部,应当经过民主推荐。民主推荐包括谈话调研推荐和会议推荐,推荐结果作为选拔任用的重要参考,在一年内有效。

民主推荐应当经过下列程序:

1. 进行谈话调研推荐,提前向谈话对象提供谈话提纲、干部名册等相关材料,提出有关要求,提高谈话质量;

2. 综合考虑谈话调研推荐情况以及人选条件、岗位要求、班子结构等,经与干部所在单位党委沟通后,由院党组或者院人事处研究提出会议推荐参考人选,参考人选应当差额提出;

3. 召开推荐会议,由干部所在单位党委主持,考察组说明干部选拔任用有关政策,介绍参考人选产生情况,提出有关要求,组织填写推荐表;

4. 对民主推荐情况进行综合分析;

5. 向院党组主要领导汇报民主推荐情况。

按照竞争上岗方式提拔任职的,根据竞争上岗测评结果,经院党组或院人事处研究,提出初步名单,并结合实际在一定范围内进行民主推荐。实际参加民主推荐的人数至少要达到确定范围人数的2/3。

(五) 考察

确定考察对象,应当综合考虑工作需要和干部德才条件,将民主推荐与日常了解、综合分析研判以及岗位匹配度等情况综合考虑,深入分析、比较择优,防止唯票唯分取人。

考察领导干部拟任人选,必须依据干部选拔任用条件和不同职务的职责要求,全面考察其德、能、勤、绩、廉,严把政治关、品行关、能力关、作风关、廉洁关。突出政治标准,深入考察干部道德品行、专业素养、工作实绩和党风廉政等情况。

院人事处必须严格审核考察对象的干部人事档案,查核个人有关事项报告，就党风廉政情况书面征求院纪检监察部门和考察对象所在单位纪检组织意见，对反映问题线索具体、有可查性的信访举报进行核查。对需要进行经济责任审计的考察对象，应当事先按照有关规定进行审计。

考察对象所在单位党委必须就考察对象廉洁自律情况提出结论性意见，并由党委书记、纪委书记签字。院本级内设机构领导职务的拟任人选考察对象，也应当由所在党组织和院纪检监察审计室出具廉洁自律情况结论性意见。

（六）讨论决定

领导干部拟任人选，在讨论决定或者决定呈报前，应当根据职位和人选的不同情况，分别进行酝酿，并由院党组集体讨论。

讨论决定干部任免事项，必须有2/3以上成员到会，并保证与会成员有足够时间听取情况介绍、充分发表意见和形成表决。与会成员对任免事项，应当逐一发表同意、不同意或者缓议等明确意见，院党组主要领导成员应当最后表态。在充分讨论的基础上，采取口头表决、举手表决或者无记名投票等方式进行表决。意见分歧较大时，暂缓进行表决。有关干部任免的决定，需要复议的，应当经超过半数成员同意后方可进行。

（七）任职

实行领导干部任前公示制度。在讨论决定后、下发任职通知前，应当在一定范围内公示。公示内容应当真实准确，便于监督，涉及破格提拔的，还应当说明破格的具体情形和理由。公示期为5个工作日（从发布公示的第二天起算，第二天为节假日的，从节假日后的第一个工作日起算；公示期间含节假日的，应予以扣除）。公示结果不影响任职的，办理任职手续。

实行领导干部任职试用期制度，任职试用期为一年，自任职试用文件下发之日算起。试用期满经考核胜任现职的，正式任职，直接办理任职手续；基本胜任的，报院党组审批后办理正式任职手续，正式任职前由其分管领导对其进行提醒谈话；不胜任的，报院党组审批后，免去试任职务，一般按试任前职级或者职务层次安排工作。实行任前谈话制度和廉政谈话制度。领导干部职务的任职时间，自集体讨论决定之日起计算。

(八) 交流、回避

实行领导干部交流制度。在院党组的统一领导下，有计划、有组织地推进领导干部交流，特别注意加强院本级与院属二级单位、院属二级单位之间的领导干部交流。干部个人不得自行联系交流事宜，领导干部不得指定交流人选。同一干部不宜频繁交流。

实行领导干部任职回避制度。领导干部任职回避的亲属关系为：夫妻关系、直系血亲关系、三代以内旁系血亲以及近姻亲关系。有上列亲属关系的，不得在同一单位担任双方直接隶属于同一领导人员的职务或者有直接上下级领导关系的职务，也不得在其中一方担任领导职务的单位从事组织人事、纪检监察、审计、财务工作。

(九) 年度考核

考核内容以考核对象的岗位职责和所承担的工作任务为基本依据，全面考核德能勤绩廉，重点考核政治素质和工作实绩。考核结果一般分为优秀、合格、基本合格、不合格4个等次。民主测评情况应作为确定考核等次的重要参考：

1. 优秀票率和合格票率合计在80%以上，且优秀票率在30%以上的，可评定为优秀等次；

2. 不合格票率在1/5以上，或者基本合格票率和不合格票率合计在1/3以上，经组织考核认定，应评定为基本合格等次；

3. 不合格票率在1/3以上，经组织考核认定，应评定为不合格等次；

4. 其他情况一般应评定为合格等次。

考核结果作为调整干部岗位、职务、职级、级别、工资以及奖励、培训、辞退的依据。

（十）退出

领导干部有下列情形之一的，一般应当免去现职：

1. 达到退休年龄界限的；
2. 受到责任追究应当免职的；
3. 不适宜担任现职应当免职的；
4. 因违纪违法应当免职的；
5. 辞职或者调出的；
6. 非组织选派，个人申请离职学习期限超过一年的；
7. 因健康原因，无法正常履行工作职责一年以上的；
8. 因工作需要或者其他原因应当免去现职的；
9. 根据领导干部能上能下有关规定，被认定为不适宜担任现职的。

（十一）纪律和监督

选拔任用领导干部，必须严格执行本规定，并遵守下列纪律：

1. 不准超职数配备、超机构规格提拔领导干部、超审批权限设置机构配备干部，或者违反规定擅自设置职务名称、提高干部职务职级待遇；
2. 不准采取不正当手段为本人或者他人谋取职务、提高职级待遇；
3. 不准违反规定程序动议、推荐、考察、酝酿、讨论决定任免干部，或者由主要领导成员个人决定任免干部；
4. 不准私自泄露研判、动议、民主推荐、民主测评、考察、酝酿、讨论决定干部等有关情况；
5. 不准在干部考察工作中隐瞒或者歪曲事实真相；
6. 不准在民主推荐、民主测评、组织考察和选举中搞拉票、助选等非组织活动；
7. 不准利用职务便利私自干预下级或者原任职单位干部选拔任用

工作；

8. 不准在机构变动时，主要领导成员即将达到任职年龄界限、退休年龄界限或者已经明确即将离任时，突击提拔、调整干部；

9. 不准在干部选拔任用工作中任人唯亲、排斥异己、封官许愿、拉帮结派、搞团团伙伙，营私舞弊；

10. 不准篡改、伪造干部人事档案，或者在干部身份、年龄、工龄、党龄、学历、经历等方面弄虚作假。

（十二）纪实、档案

选拔任用领导干部，应当全程记录动议、民主推荐、考察、讨论决定、任职、试用期满考察等工作过程和结果，填写领导干部选拔任用工作全程纪实表。领导干部选拔任用工作全程纪实表填写应真实、准确、完整。

领导干部选拔任用工作全程纪实表是干部选拔任用文书档案的重要索引，院人事处要按工作程序收集整理有关材料，形成文书档案，并装订成册。

院管干部的人事档案由院人事处统一管理。院属二级单位组织人事部门要建立院管干部的档案副本。

二、现实思考

党的十九大报告中指出，坚持正确选人用人导向，匡正选人用人风气，突出政治标准，提拔重用牢固树立"四个意识"和"四个自信"、坚决维护党中央权威、全面贯彻执行党的理论和路线方针政策、忠诚干净担当的干部。2018年全国组织工作会议上强调，贯彻新时代党的组织路线，建设忠诚干净担当的高素质干部队伍是关键，重点是要做好干部培育、选拔、管理、使用工作。

党的十九大以来，中央先后出台了《关于进一步激励广大干部新时代新担当新作为的意见》《关于适应新时代要求大力发现培养选拔优秀年轻干部的意见》等文件，印发新修订的《党政领导干部选拔任用工作条例》，这些为新时代选人用人工作提供了科学的理论指导和制度依据，也指明了努力方向和工作思路。对于农业科研单位而言，如何把新时代选人用人工作重要讲话精神和文件要求落到实处，应着重在以下4个方面狠下功夫（张昊冉，2020a）。

（一）准确把握选人用人工作总基调

要坚持好干部标准，把政治标准放在第一位。新修订的《党政领导干部选拔任用工作条例》也明确"选拔任用党政领导干部，必须把政治标准放在首位"，增加"深入考察政治忠诚、政治定力、政治担当等方面的情况"等内容。

精准科学选人用人是干部工作的重要要求，其本质是要把人考准考实、用对用好，这与是否鲜明树立了重实干重实绩的用人导向、建设高素质专业化干部队伍和事业为上、以事择人的水平休戚相关，甚至影响激励干部担当作为的成效。

发现培养选拔优秀年轻干部，是加强领导班子和干部队伍建设的一项基础性工程，是关系党的事业后继有人和国家长治久安的重大战略任务。那些看得准、有潜力、有发展前途的年轻干部，要敢于给他们压担子，有计划安排他们去经受锻炼。

综上所述，农业科研单位切实贯彻落实中央关于激励干部担当作为、发现培养选拔优秀年轻干部和干部选拔任用等意见精神，就要立足"选好人、用对人是最有效、最直接的激励"，加强干部专业化、年轻化工作，严格规范选人用人程序，突出干部队伍的政治历练、作风检验和实绩考核，特别要以"打牢基础、加强研判、促进发展"为主线，坚持"事业需要什么样的人就选什么样的人、岗位缺什么样的人就配什么样的人"。

(二) 切实贯彻党的干部路线方针政策

1. 激励干部担当作为

《关于进一步激励广大干部新时代新担当新作为的意见》对建立激励机制和容错纠错机制,进一步激励广大干部新时代新担当新作为提出了明确要求。农业科研单位要以意见出台为契机,深刻剖析本单位干部队伍在担当作为等方面存在的问题,大力教育引导干部担当作为、干事创业,增强干部"三农"工作的使命感,树立鲜明的用人导向,完善考核评价机制,健全容错纠错机制和保障制度体系,激励投身乡村振兴、脱贫攻坚和农业农村现代化建设。

2. 培养使用年轻干部

2018年全国组织工作会议上指出,优秀年轻干部既要数量充足,又要质量优良;要着眼近期需求和长远战略需要,培养选拔一定数量规模的优秀年轻干部。农业科研单位要以《关于适应新时代要求大力发现培养选拔优秀年轻干部的意见》出台为契机,高度重视发现培养选拔优秀年轻干部工作的时代意义,着眼"三农"事业新使命新要求,调研分析干部队伍结构现状,破解干部队伍老龄化问题,优化年轻干部成长路径,真正实现能上能下和能进能出。

3. 规范选人用人工作

新修订印发的《党政领导干部选拔任用工作条例》,在保持总体框架和主体内容基本稳定的前提下,进行了完善和调整,贯彻了新时代新精神,衔接了新政策新规定,吸收了新经验新做法。农业科研单位要深入研究条例新规定,加强制度建设和学习宣讲,列入单位党委集体学习的重点内容、领导干部任职培训的必学内容和组工干部业务充电的常规内容,通过原原本本地学习理解,做到规规矩矩地选人用人,实现"懂农业、爱农村、爱农民"的好干部脱颖而出。

(三) 建立健全干部培养选任和监督机制

1. 注重在学习实践中锻炼培养年轻干部

在学习交流方面,要定期组织开展中青年干部学习交流活动,检验年轻干部对"三农"政策和论述的理解及践行情况。在教育培训方面,对照实施乡村振兴战略等目标要求,加强农业专业知识培养和农业农村现代化建设学习,特别要办好办精青年干部培训班和新入职人员培训班。在实践锻炼方面,坚持多岗位锻炼和基层蹲苗磨练,系统选派干部参加乡村定点扶贫、地方科技副职挂职、科技特派员和农业外交官等锻炼。

2. 注重在分析研判中掌握践行人岗相适

新修订印发的《党政领导干部选拔任用工作条例》将"动议"一章修改为"分析研判和动议",增加"加强日常了解和分析研判"条款,推动组织人事部门将更多精力研究领导干部和队伍建设上。在大力加强年轻干部工作的时代要求下,农业科研单位要近距离听取各方面意见,加强调研年轻干部培养使用情况,研究推进干部年轻化的有效措施,做深做细干部专业素养和岗位匹配度的考察,同时注重结合日常监督、巡视监督、专项监督等紧盯单位领导班子建设和年轻干部培养使用成效。

3. 注重在规范程序中防范选人用人风险

坚持"凡提四必",杜绝"带病提拔",做好干部档案"凡提必审",个人有关事项报告"凡提必核",纪检监察机关意见"凡提必听",反映违规违纪问题线索具体、有可查性的信访举报"凡提必查"。对个人有关事项报告随机抽查核实的漏瞒报情况给予组织处理,切实做到严管厚爱相结合;对提拔和转任关键岗位干部的个人事项报告中有关情况,以点带面开展通报并跟进后续管理,切实做到警钟长鸣和对干部负责。

(四) 防治不正之风和选人用人评议整改落实

要严格执行组织人事工作政策规定,坚决防止选人用人方面的任何违规违纪和不正之风问题。选人用人工作民主评议是选人用人结果监督的重要手段，是落实从严治党、完善干部选拔任用监督体系和不断提高选人用人工作质量的重要环节，与干部监督体系的运行、人事制度的改革和岗位调整的安排均有关联。

农业科研单位要结合上级单位反馈的本单位干部选拔任用工作民主评议情况，加以高度重视，切实进行整改。要对上一年度被评议干部向其所在单位书面通报评议结果，委托被评议干部所在单位的主要负责人，向干部本人反馈通报评议结果，提醒干部本人存在的不足和需要改进之处，实现"红红脸、出出汗、排排毒"的效果。要对新提拔干部的履职情况进行公示，增进广大干部职工对新提拔干部的了解，提高选人用人工作参与度和公信度。另外，对试用期满的干部，还要及时反馈考察情况和不足之处，督促干部加强自省和改进提高。

三、工作启示

政治路线确定之后，干部就是决定因素。以什么样的标准选人，选什么样的人，历来是干部工作的首要问题。农业科研单位做好新时代选人用人工作，必须聚焦主责主业，深入贯彻新时代党的组织路线，努力在学懂弄通做实上下功夫。还要加强党对干部工作的全面领导，充分发挥党组织的领导和把关作用，突出政治标准和以事择人，强化正向激励和统筹推进，为"三农"事业高质量发展提供坚强组织保证。

第一，将政治忠诚作为党员干部的首位要求。如果选出来的干部是一个对党、对国家、对人民不忠诚的人，那么这个人就会对我们党和国家的事业造成巨大的伤害，也会让人民对我们党失去信心。

第二，将廉洁自律作为选人用人的重要要求。坚持对拟选用的干部深入进行党风廉政情况意见调查，并对其廉政档案、个人有关事项报告等严格审查，避免"走马观花""带病提拔"的现象发生。

第三，将敢于担当作为选人用人的根本要求。选拔任用那些"敢下深水、啃硬骨头"和"说了算、定了干"的干部。把"愿不愿为、能不能为、敢不敢为"作为评价年轻干部的重要准绳，坚持凭工作论英雄、看实绩用干部、有为才有位，工作实绩必须获得群众认可、同行认可、领导认可。

第四，将关爱一线作为选人用人的补充要求。要把踏实努力、勤奋优秀、默默奉献、不事张扬的好干部及时发现出来、合理使用起来，对担当作为、创新创业、扎根一线、埋头苦干的好干部给予格外关注，不让埋头苦干、敬业有为的老实人吃亏。

第六章
从严管理体系建设

第一节 加强党性修养 在作风上狠抓

贯彻新时代党的组织路线，要建立管思想、管工作、管作风、管纪律的从严管理体系，这不仅为党员干部加强党性修养提供了基本遵循，更为新时代党员干部作风建设指明了方向。党员干部必须在严和实、深和细上下功夫，持之以恒推进党的作风建设，不断增强全面从严治党的系统性、创造性和实效性。组织人事部门应当始终坚持旗帜鲜明讲政治，在干部选拔、培养、管理、使用工作中，始终把政治要求放在首位，紧紧围绕从严治党开展工作，使做到"两个维护"成为广大党员干部的思想自觉、政治自觉和行动自觉。

一、用习近平新时代中国特色社会主义思想武装头脑

（一）强化思想理论武装

中国共产党 90 多年风雨兼程，自强不息得益于理想信念在支撑着全体党员干部前行。要始终加强学习习近平新时代中国特色社会主义思想，将理想信念作为安身立业之本，始终坚持底线意识，在实践中不断学习完善自己，并作为强化思想作风教育的重中之重。要不断引导党员干部深刻领会共产主义思想和中国特色社会主义，并用于指导工作，做到融会贯通。要将专题学习习近平同志重要讲话精神作为各级党委、理论学习中心组学习的重要内容，引导党员干部读原著、学原文、悟原理，扎实推进"两学一做"学习教育常态化制度化。思想是行动的先导，有什么样的思想观就有什么样的行为举止，从严管理干部必须将思想教育作为干部队伍建设的基础性工作，把理论武装、党性教育、道德规范抓牢，着力提升党员干部的政治素养和思想根基。

（二）严格规范组织生活

认真落实党建工作责任制，坚持围绕中心、建设队伍、服务群众的职责定位，制定重点工作计划时，做到党建工作与中心工作一起谋划、一起部署、一起落实、一起检查。严格执行党内组织生活制度，党员干部认真召开民主生活会和组织生活会，完善"三会一课"制度，执行谈心谈话和民主评议党员制度，坚持重温入党誓词、党员"政治生日"等政治仪式，在细节中体现思想建党的重要性。在工作中加强自我批评，不断引导党员干部加强作风建设，时时刻刻检视自己，牢牢握紧作风大旗，严守党的政治纪律和政治规矩，不断培养斗争精神、砥砺斗争意识、增强斗争本领。

（三）汲取红色文化动力

红色文化是中国共产党领导中国人民在革命、建设和改革的伟大实践中创造、积累的先进文化，是中国共产党宝贵的精神财富。红色基因特指中国共产党人在长期奋斗中锤炼出来的先进本质、思想路线、光荣传统和优良作风，党员干部在淬炼中离不开红色文化的滋养。红色资源更是党员干部最需要传承的精神，是中国共产党创造出来的具有马克思主义政党特质和中国特色的文化资源，如革命旧址、烈士陵园、名人故居、博物馆、纪念馆等，这些党内政治文化遗产深深打上了红色烙印，体现了我们党坚定的理想信念、不屈的革命精神、高尚的为民情怀、厚重的文化底蕴和独特的红色情结，是维系党内力量的重要纽带。

二、在干部"选育管用"中融合推进作风建设

（一）发挥"领头雁"作用

大雁在飞行时，前面总会有一个领袖，这个领导者被称为领头雁，也

比喻在众人眼里有一定的号召力和领导能力，具有榜样力量的人。每一群大雁中，必有一只领头雁，它是群雁中的最强、最有担当的那一只，冲在最前线，顶着气流，乘风穿行。领导干部要形成"头雁效应"，站稳人民立场，全心全意为人民服务，树立正确的权力观，正确使用权力，做到权为民所用，利为民所谋。

要带头学习党章，尊崇党章，树立正确的群众观，以人民为中心，正确使用权力，在工作中充分发挥榜样示范和带头作用，坚决抵制形式主义、官僚主义等不良风气。要站稳人民立场，树立正确的历史观、群众观，依靠人民群众创造历史伟业，把一切成就归功于人民群众，保持清醒的头脑和对群众的敬畏之心，把群众放在眼里、放在心上，自觉依靠群众、真诚服务群众，解决群众最关心、最直接、最现实的问题。要完善服务意识，激励党员干部发挥实干精神，杜绝形式主义、面子工程，并对查找出来的问题进行整改反思。要树立正确的群众观，对群众无事不打搅、求助不怠慢，多到问题多、矛盾集中的地方去深入实际、指导工作。要坚持用权为民，按规则、按制度行使法定权力，把权力关进制度的笼子，让权力在阳光下运行，把握好权力边界，保证权力运行的秩序和效率。

（二）规范选人用人机制

在选拔干部时发挥好作风建设的重要作用，深刻融入干部选拔、培养、管理、使用等过程中。在干部选拔使用过程中，既要重视干部在危急时刻、艰苦环境中的表现，又要听取分管领导、普通职工的建议，全面了解干部的日常表现，具体把握好两点：一是把坚持党的领导和充分发扬民主结合起来，严格执行民主集中制，充分酝酿、沟通和协商，多方听取意见，实现组织意图、群众意愿、人岗相适有机统一。二是根据领域、职责及分工的不同情况，将坚持和加强党的领导贯穿到干部管理的全过程和全方面。

大力发现和培养年轻干部是加强领导班子和干部队伍建设的一项基础性工程，是关系党的事业后继有人的重要举措，特别要注重年轻干部的培养。一是深入学习领会、坚决贯彻落实习近平同志关于年轻干部工作的一系列重要指示精神，逐步形成日常发现、动态管理、持续培养的工作机制，形成完整的选人用人工作链，避免临时找人的现象。二是年轻干部只有经受全方位历练，才能真正成为疾风劲草、烈火真金，要给予年轻干部到基层锻炼、深入一线的机会，不断磨砺工作作风，增强意志品格。三是在坚持全面从严治党、推进党风廉政建设和反腐败斗争中，敢于让年轻干部挑重担子、啃硬骨头、经风雨、见世面和长才干。四是坚持平时谈心谈话、任前提醒谈话等，及时掌握干部思想作风等情况。

（三）强化日常管理

不断加强党员干部日常管理，通过创新管理方式推动党员干部加强党性修养。一是研究出台党员干部监督工作意见，围绕选拔任用全程监督，聚焦重点人员、重要事项、重点岗位和重要环节，配套建立具体实施细则，构建事前、事中、事后全链条管理格局，全面扎牢从严管理干部体系。二是强化日常监督管理，探索建立内外双向干部选拔任用工作监督制度，选优配强内外监督管理员，对发现的问题及时督促整改。建立干部苗头性跟踪了解办法，对不担当、不作为问题多观察多报告，早告诫多批评。三是建立风险岗位管理监督工作机制，制定风险岗位管理办法，明确谈心谈话、轮岗交流等举措，将具体岗位分为 A 类、B 类等分类管理，对 A 类岗位干部进行不间断谈话和考察，确保有效监督管理。四是坚决执行党员干部诫勉谈话、个人有关事项报告等制度，通过生活、工作、家庭等全方位了解干部作风表现，加强监督和管理。既要注重培养党员干部积极健康的生活方式，提升党员干部对党规党纪的认知水平，又要建立系统、全面、高效的监督机制，让每位党员干部习惯在监督下工作生活。五是建立负向激励制度，出台认定和调整不适宜担任领导职务的制度办法，当出现不守政治纪律和政治规矩、在岗不作为和履职不担当等情况时，适当调离领导岗位，进行非领导职务的调动。

三、围绕中心任务深入推进党员干部作风建设

（一）坚持党内民主生命线

党内民主是党的生命，发扬党内民主就是要严肃规范党内政治生活，坚决维护党的权威，全心全意为人民服务，始终保持党同人民群众的血肉联系。一是要开展有效的党内组织生活，坚持"三会一课"制度、民主生活会和组织生活会制度、谈心谈话制度和对党员进行民主评议。二是要尊重党员干部的主体权，这是党员干部自觉履行义务的内在驱动力。尊重党员主体地位必须加强党内制度建设，切实保障党员的民主权，建立有效的党员干部运行机制，完善组织干部系统建设，转变领导干部、基层党组织与党员的思想观念，增强党员的主体意识。

（二）融入中心工作抓作风

2020年是脱贫攻坚的收官之年，在疫情影响下，脱贫工作时间紧、任务重，农业经济被迫下滑，农民创收点降低。党员干部要加强作风建设，防止懈怠情绪、松劲思想和麻痹心理，一鼓作气攻克最后堡垒。要牢固树立正确的政绩观，切实把对上负责与对下负责统一起来，绝不做只让领导满意但让群众失望的事。要围绕党的政治路线和中心任务，深入推进党员干部作风建设，引导党员干部不断深入群众，加强宗旨意识，服务整体大局，立足本职工作有担当强作为，在聚焦主责主业上下功夫，抓好中心工作，为党员干部加强作风建设提供更广阔的平台。要深入开展"不忘初心、牢记使命"主题教育，引导党员干部在促进改革发展中强作风、做表率、当先锋，着力建设忠诚、创新、担当、服务的干部队伍，科研院所还要把科技扶贫、制度改革、安全生产、成果转化等重大任务落实，作为锤炼干部作风建设的阵地和战场。

（三）提升治理能力深改革

党的十九届四中全会强调，必须把提高治理能力作为新时代干部队伍建设的重大任务；构建系统完备、科学规范、运行有效的制度体系，加强系统治理、依法治理、综合治理、源头治理，把我国制度优势更好转化为国家治理效能。提高干部的治理能力是一项系统工程、集成工程，既要靠组织层面的教育引导、综合施策，也要靠干部个人的学习锻炼、自我修为。因此，要不断转变工作理念，将过去的"管理"转变为现在的"服务"，深化"放管服"改革，为群众办实事。要建立科学的评价体系，在结构上，要注意考核组考核意见要与职工考核、同级干部评议相结合；在分值权重上，增加职工评议和同级干部评议的权重。

四、"九个必须"提高党性修养和加强作风建设

作风问题说到底，还是党性问题。在作风问题上，起决定作用的是党性，作风和党性修养是联系在一起的。提高党性修养和加强作风建设，要做到"九个必须"。

一是提高党性修养，必须坚定理想信念。古人云："万物得其本者生，百事得其道者成。"共产党员的根本，就是对马克思主义的信仰，对共产主义和社会主义的信念，对党和人民的忠诚。一个共产党员要立根固本，就要挺起精神脊梁，就要坚定这份信仰、坚定这份信念、坚定这份忠诚。

二是提高党性修养，必须站稳人民立场。一个共产党员，要永远站在党的立场、站在党性和党的政策的立场上。一个真正的马克思列宁主义者，必须坚定地站在人民大众这一边，满腔热情地用保护人民事业的态度来说话，对敌人要用霸道，对人民要用王道。

三是提高党性修养，必须首先尊崇党章。党章是党的总章程，是党的根本大法，是全党必须遵循的总规矩。一个共产党员，首先要牢固树立党

章意识，把学习党章作为必修课，带头遵守党章各项规定，真正把党章作为加强党性修养的根本标准，把党章各项规定落实到日常言行上、落实到本职工作中。

四是提高党性修养，必须严守党的纪律。要严格遵守党的政治纪律和政治规矩，自觉在思想上政治上行动上同以习近平同志为核心的党中央保持高度一致。要严格遵守党的组织纪律、廉洁纪律、群众纪律、工作纪律、生活纪律，严格要求自己，严格要求家属，培养良好家教家风。

五是提高党性修养，必须提高理论素养。要不断加强学习，提高自身马克思主义理论素养，善于用党的科学理论指导工作实践。衡量一个共产党员理论水平的高低，要看能不能把理论运用于实践中有效解决实际问题，能不能用习近平同志系列重要讲话精神和党的创新理论成果武装头脑、指导实践、推动工作。

六是提高党性修养，必须敢于坚持真理、修正错误。1945年，毛泽东同志在党的七大上深情地说："共产党人不惜牺牲自己个人的一切，随时准备拿出自己的生命去殉我们的事业"。真正的共产党员，必须随时准备坚持真理、修正错误，修枝剪叶、改造自己、提高自己。凡是有利于党和人民事业的，就坚决干、加油干；凡是不利于党和人民事业的，就坚决改、彻底改。

七是提高党性修养，必须锤炼党员品格。一个共产党员，必须襟怀坦白、忠实、积极，以革命利益为第一生命，个人利益必须服从革命利益，党的利益高于一切；必须善于照顾全局，善于照顾多数；必须具有政治远见，充满斗争精神和牺牲精神；必须不怕困难，脚踏实地富于实际精神。

八是提高党性修养，必须提高道德水平。要不断改造主观世界、提高思想觉悟，老老实实做人，踏踏实实干事，清清白白为官，全心全意为人民服务。只有一心为公，事事出于公心，才能有正确的是非观、义利观、权力观、事业观，才能把群众装在心里，才能坦荡做人、谨慎用权，才能自觉讲诚信、懂规矩、守纪律，言行一致、心存敬畏。

九是提高党性修养,必须努力做到"慎独"。刘少奇同志在《论共产党员的修养》中,将"慎独"作为党性修养的有效形式和最高境界,习近平同志也反复倡导党员和领导干部要努力做到"慎独"。要不断加强自律,台上台下一个样,人前人后一个样;坚定理想信念,明确政治方向,遵守政治原则,形成内在"定力";时刻反躬自省,增强防腐拒变的"免疫力";办事公开透明,讲民主、讲程序、讲纪律,抵制各种诱惑,守住人生底线。

五、科研事业单位加强党性修养和作风建设的思考和启示

领导干部的党性修养与领导干部的作风密切相关、不可分割。领导干部作风建设上出的问题,除我们的制度建设没跟上和纪律要求不严格以外,内在原因还是党性修养上出了问题。广受关注的中国工程院前院士、中国农业大学教授李宁涉嫌贪污一案作出宣判,以贪污罪判处有期徒刑12年,并处罚金人民币300万元,该案在科研人员群体中引发巨大反响,或成为影响性诉讼案件,甚至成为最高司法机关指导性案例的来源。

与此同时,一系列密集通报的高校和科研单位腐败案一再警示,高校和科研单位绝非清净之地,也不是清水衙门,对这些腐败问题必须大力整治,坚决把象牙塔里的"蛀虫"清除出去。

高校和科研单位各级领导干部一定要坚持不懈地加强党性修养,强化作风修为,坚持理论和实践相统一,坚持加强个人修养和接受教育监督相统一,努力使自己成为政治坚定、作风优良、纪律严明、勤政为民、恪尽职守、清正廉洁的领导干部,充分发挥模范带头作用,具体可以从以下七个方面着力。

第一,要进一步增强政治素养。领导干部必须保持政治形象和道德形象的统一。要保持政治上的坚定性,具有坚强的党性原则,必须坚决贯彻

执行党的路线方针政策，旗帜鲜明地坚持党的原则和立场。也要注意自己的道德形象，不能指望一个道德败坏的人会在政治上坚定。

第二，要进一步增强宗旨意识。坚持全心全意为人民服务是检验领导干部党性是否坚强、作风是否优良的首要标准。要满腔热忱地多为职工群众办实事，解决实际问题。要及时了解群众诉求，认真纠正损害职工群众利益的突出问题，妥善化解利益矛盾。

第三，要进一步增强大局意识。要善于从全局的高度认识和处理问题，要带头识大局、讲大局、维护大局，绝不允许任何组织、任何个人以任何理由对上级的决策部署拒不执行、变通执行，必须不折不扣地把上级确定的各项决策和工作任务落实到位。

第四，要进一步增强纪律意识。一个党员如果党性不强，就必然在实践中违反纪律；一个党员如果作风不正，也必然在实践中出问题犯错误。要对国家法律、党的纪律心存敬畏，自觉维护法纪的权威，始终做到遵纪守法。

第五，要进一步增强责任意识。领导就是责任，加强党性修养，增强责任意识，是对领导干部的基本要求。要认真履行职责，求真务实、反对虚假，勤于任事、埋头苦干，坚决克服工作挑肥拣瘦、拈轻怕重、敷衍塞责的现象。

第六，要进一步增强服务意识。要牢记"两个务必"，大力发扬艰苦奋斗的精神，勤俭办一切事务，真正把有限的资金和资源用在刀刃上。要牢固树立为基层服务、为群众服务的观念，在为群众办实事、解难事、做好事的过程中培养群众感情、增长工作才干。

第七，要进一步增强实践意识。要牢固树立马克思主义的实践观点，着力提高运用科学理论来分析研究和解决实际问题的能力，保持争创一流的锐气，以高昂的创新热情，务实的创新实践，努力开创各项工作新局面。

第六章　从严管理体系建设

第二节　做好监督管理　在严实上着力

党的十八大以来,在落实全面从严治党要求、从严管理监督干部方面,提出了一系列新理念新思想新战略,这为做好新时代干部监督工作提供了根本遵循。要坚持把政治监督摆在首位,严明党的政治纪律和政治规矩,着力落实"两个维护"要求;加强履职尽责、担当作为情况的监督,督促干部发扬斗争精神、增强斗争本领,攻坚克难、狠抓落实,力戒形式主义、官僚主义;做实做细日常监督,抓早抓小、防微杜渐;深化选人用人工作监督,持续整治选人用人上的不正之风;做好巡视巡察发现问题整改的督促检查,加强干部监督制度建设、强化制度执行力,着力提高新时代干部监督工作质量和水平,推动形成风清气正的良好政治生态。

一、新时代党的干部监督管理思想论述

党的十八大以来,以习近平同志为核心的党中央坚持解放思想、实事求是、与时俱进、开拓创新,坚持问题导向思维,紧密结合当前的干部管理监督现实状况,对于新形势下干部的管理监督工作提出了一系列新要求。总体来看,主要有以下3个特征:其一,强调"为政清廉才能取信于民,秉公用权才能赢得人心","人心向背决定着党的生死存亡",要坚持以零容忍的态度惩治腐败,必须打破刑不上大夫的妄想臆测;其二,强调要把权力关进制度的笼子里,重视制度刚性约束在治党管权中的关键作用,深入推进国家监察体制改革;其三,强调要把严管和厚爱相结合,建立弹性的容错纠错机制,充分激发广大党员干部的干事创业精神。

(一) 以反腐零容忍、无禁区的决心巩固执政地位

腐败是侵入党和国家健康机体里的毒瘤，与我们党的宗旨完全背离。领导干部若理想信念动摇，脱离群众，形式主义、官僚主义、享乐主义和奢靡之风严重，就会严重损害党和国家的形象，侵害人民群众的利益，必须坚持以零容忍的态度惩治腐败，有腐必反、有贪必肃，任何人都不能凌驾于党纪国法之上。要坚持"老虎""苍蝇"一起打，既坚决查处领导干部违纪违法案件，又切实解决发生在群众身边的不正之风和腐败问题。要坚持党纪国法面前没有例外，以猛药去疴、重典治乱的决心，以刮骨疗毒、壮士断腕的勇气，坚决把党风廉政建设和反腐败斗争进行到底。

(二) 以监察体制改革的创新强化治党管权

干部监督管理事关党的自身建设，也与国家法治建设密切相关。党的十九大报告中指出，要突出政治建设在党的建设中的重要地位，始终以政治建设为统领，思想建党和制度治党同向发力。要把制度治党和依法治权相结合，进一步完善对于党员领导干部特别是党政"一把手"等关键少数的权力制约和监督体制机制，构建协调配套的党内法规体系和国家法律体系，协调推进全面从严治党和全面依法治国。要加强党对于日常监督和反腐败斗争的集中统一领导，充分发挥党内监督和人民监督的合力。

1. 思想建党和制度治党同向发力

党的十八大以来，我们党组织开展了党的群众路线教育实践活动、"三严三实"专题教育、"两学一做"学习教育，显著增强了广大党员领导干部的政治自觉和政治意识。党的十九大报告指出，坚持全面从严治党，必须以党章为根本遵循，把党的政治建设摆在首位，思想建党和制度治党同向发力。要增强制度执行力，制度执行到人到事，做到用制度管权管事管人。要坚持制度面前人人平等、执行制度没有例外。制度治党是全面从严治党的有力支撑和突出特征。

2. 监察体制改革和依法治国相互融合

党的十九大明确了全面推进依法治国的总目标是建设中国特色社会主义法治体系、建设社会主义法治国家。完备的法律规范体系是法治国家、法治社会的制度基础，高效的法治实施体系是法律的实施保证，严密的法治监督体系是法律良性运行的监督保障，有力的法治保障体系为全面依法治国提供有力的政治和组织保障，完善的党内法规体系是全面从严治党的制度基础。建立国家监察制度是依法治权的重大创新之举，国家监察委员会的设立有助于形成完整健全的国家监察组织架构，充分发挥各类监督力量的合力，实现对于所有国家公职人员监督的全覆盖，有助于形成集中统一、运转高效的国家监督体系，有助于加强党对于反腐败斗争的集中统一领导。

（三）以严管和厚爱相结合的措施推动干事创业

新时代以来，"严"字当头成为管党治吏的最鲜明特征，严管就是真管真严、敢管敢严、长管长严，注重对干部的不良苗头倾向咬耳扯袖、打预防针，党风廉政建设常抓不懈。通过加强对干部的日常监督，抓早抓小、抓常抓细，使干部心有所戒、行有所止。厚爱就是要让干部时时刻刻感受到来自组织的关怀和鼓励，充分激发干部干事创业的精神，为敢于担当、锐意进取的干部撑腰鼓劲，解决干部的后顾之忧。

在引导干部积极作为上要坚持严管和厚爱相结合，即把严格管理干部和热情关心干部结合使用。一方面，严格管理就是要严格按照党的纪律规矩和国家法律监管干部，突出从严从实的标准，对于不作为的干部及时扯扯袖子、必要时当头棒喝，使红脸出汗成为常态，对于消极怠政、不作为的干部实施必要的惩罚措施，倒逼积极作为。另一方面，厚爱就要贯彻落实好组织谈话制度，密切关注干部的思想动态，及时消除干部思想上的困惑和压力，还要保障干部特别是基层干部的合理待遇，认真落实党的干部职务职级待遇政策，及时解决干部现实困难，免除干部的后顾之忧，身心舒畅、充满信心地开展工作。

二、新常态下干部监督管理机制体系构建

建立管思想、管工作、管作风、管纪律的从严管理体系，已成为从严监督管理干部的新常态。因此，干部监督管理工作必须坚持严的标准、严的措施、严的纪律，使其与干部选拔任用、考察考核、日常管理、培养教育结合起来，推动干部监督管理更加严密、更加科学、更加有效（石岱，2019）。

（一）构建学习教育机制，夯实思想之基

坚持把习近平新时代中国特色社会主义思想学习教育摆在首位，推动这一光辉思想入脑入心，成为广大干部政治上的主心骨、思想上的定盘星、行动上的指南针。以理想信念教育为根基，以党性教育为核心，扎实开展"不忘初心，牢记使命"主题教育，引导干部树立正确政绩观，讲实话、办实事、求实效，努力做出经得起实践、人民、历史检验的实绩。持续开展党章、纪律处分条例等党内政策法规的学习宣传，通过遵规守纪教育、典型案例警示教育、谈心谈话教育等，引导干部树立责任担当和警醒意识，时刻保持良好状态为人处世，切实增强自律意识和拒腐防变能力，确保思想行为不偏向、不越轨。

（二）构建重点监督机制，管住关键之人

突出抓好重点岗位特别是"一把手"的监督，加强对权力集中、资金密集、资源富集等重点部门、重点岗位干部的监督，规范职责权限，强化制度防控，最大限度避免出现问题、造成影响。把严明党的政治纪律和政治规矩放在从严监督领导干部的首位，突出对贯彻执行中央和上级决策部署情况的监督，引导各级领导干部牢固树立"四个意识"，自觉做到"两

个维护",充分发挥示范带动作用。积极拓展选人用人巡视检查内容,既看干部"干净"情况,又看"忠诚""担当"情况,把干部不担当不作为问题作为重要内容。切实加强对干部选拔任用环节的监督,着眼于防范干部"带病上岗""带病提拔"、用人失察等问题,继续采取考察对象报告个人有关事项、征求相关部门意见、"三龄两历一身份"核查、全程纪实等措施。

(三)构建防范提醒机制,多积尺寸之功

切实承担起培养干部、带好队伍的责任,有针对性地补短板、强弱项,帮助干部一步一步健康成长。从干部一进队伍,一直到离退休后,都要从严,做到干部随从严管理成长、从严管理伴干部一生。立足于早、着眼于小、致力于常,防止不换届不考核、不提拔不谈话、不暴露出大问题不重视、干部不上门不约谈等问题。严格执行提醒函询诫勉、个人有关事项报告、经济责任审计等基本制度,对干部身上的苗头问题,早发现、早提醒、早纠正,让咬耳扯袖、红脸出汗成为常态。要抓制度的细化量化,强化制度的刚性约束,采取措施加大对干部日常监督管理制度的可行性操作性研究,细化量化具体的操作流程和奖惩措施。要抓制度的有效落地,严格抓好制度执行情况的督促检查。

(四)构建综合联动机制,织密全面之网

推进干部监督与干部工作其他环节深度融合,把从严监督有效融入教育培训、选拔任用、考核评价、激励奖惩等各环节,把行为管理和思想管理、工作圈管理和社交圈管理统一起来,形成更加完整的干部管理监督链。切实发挥组织部门监督、巡视监督、审计监督、舆论监督、群众监督等作用,把上级对下级、同级之间以及下级对上级的监督充分调动起来,充分运用干部个人有关事项报告、经济责任审计、信访核查、企业和社会团体兼职清理、因私出国证件集中保管等多种措施,构建起干部日常监督管理

体系。注重运用信息化手段，建立领导干部日常考核动态监测评价系统，加强干部监督信息档案建设，将举报信访信息、党政纪律处分情况、巡视审计结果等整合起来，发挥大数据系统预警功能。

三、切实加强干部日常监督管理工作

要在日常监督上下功夫，坚持抓早抓小、防微杜渐，使咬耳扯袖、红脸出汗成为常态。就干部工作整个链条来说，选拔任用和监督管理相辅相成，要把干部管理监督摆上更加重要的位置，用更多的精力抓好这项工作，切实避免不出问题没人管、出了问题才处理的现象。因此，加强干部管理监督工作，重在经常、贵在较真，切实增强日常监督管理的针对性和有效性（中共福建省委组织部，2019）。

（一）把政治监督摆在首位，推动"四个意识""四个自信""两个维护"发自内心、成为自觉

一是突出政治纪律和政治规矩的监督。定期开展全面从严治党主体责任落实情况交叉检查，重点监督贯彻落实习近平总书记重要指示批示、党中央各项决策部署，落实中央八项规定精神，执行党内政治生活准则等方面情况；通过巡视巡察、专项检查、重点抽查等方式，重点监督干部是否存在政治上离心离德、思想上蜕化变质、组织上拉帮结派、行动上阳奉阴违等问题。二是突出净化党内政治生态的监督。开展领导班子运行和政治生态等级评估，重点考察了解执行民主集中制、选人用人、领导班子成员履职担当等情况。三是突出选人用人坚持政治标准的监督。健全领导干部政治素质识别和评价机制，建立干部政治素质档案，坚持政治表现"首问"、正反向专项测评、政治廉洁表现"双鉴定""双签字"。

（二）加强对"关键少数"的日常监督，督促"一把手"依规用权、廉洁用权

一是规范权力运行。加强对一把手履行管党治党责任、执行民主集中制、落实请示报告制度、廉洁自律等方面的监督，探索推行权力清单公示、重大事项决策全程纪实、预警分析等办法，进一步强化权力运行监督和制约。二是抓好定期考核。采取定量考核与定性评价相结合方法，重点考核"一把手"履职情况。三是强化制度约束。严格执行干部选拔任用监督制度，出台领导干部任职回避、严肃干部选拔任用工作纪律等文件，全面摸排整治领导干部配偶、子女及其配偶违规经商办企业问题，筑牢从严治吏"防火墙"。

（三）突出干部担当作为监督，着力提振各级干部干事创业精气神

坚持严管与厚爱结合、激励与约束并重，制定激励干部担当作为实施意见，出台关心关爱基层干部工作措施。一是推行蹲点调研跟踪了解干部担当作为情况，通过近距离、有原则地接触干部，深入了解干部的真实情况，推动干部日常监督管理常态长效。二是开展谈心谈话鞭策干部担当作为，既释疑解惑、加油鼓劲，又指出问题、督促改正。三是深化专项检查倒逼干部担当作为。把干部担当作为情况作为选人用人检查的重要内容，列出不作为、慢作为、乱作为的清单情形，加大对举报反映不担当不作为问题查核督办力度。

（四）实行全方位监督，让干部习惯在受约束的环境中工作生活

坚持多管齐下、综合施策，织密干部监督网络，做到监督无死角。一是推动提醒函询诫勉常态化。综合运用巡视巡察、经济责任审计、年度考核、"一报告两评议"等成果，发现苗头性问题及时批评教育、咬耳扯袖；

制定函询工作操作规程，提出函询采信等措施，审慎研判每一个函询件，防止"无事而函""一函了之"。二是推动监督渠道多元化。完善干部监督联席会议制度，与纪检监察部门快速联动，建立违规违纪违法问题线索移交反馈通报机制；与巡视机构互联互通，开展好选人用人专项检查，合力抓好巡视反馈问题整改；与审计部门密切合作，加大任中审计比例，推动审计结果与干部管理使用挂钩等；同时加强八小时之外监督管理。三是推动干部监督工作信息化。研发干部监督信息管理台账，建立干部监督档案，涵盖党纪政务处分情况和巡视、审计、考核、信访举报等渠道发现的有关信息，为精准监督提供支撑。

四、从个人有关事项报告看领导干部监督管理

党的十八大以来，党中央采取一系列新举措，推进全面从严治党向纵深发展，严格执行领导干部个人有关事项报告制度，就是从严管党治吏的一项重要抓手。从个人婚姻到子女房产，从投资经商到海外存款……认真填写个人有关事项报告，如实向党亮家底，是检验干部对党忠诚的"试金石"，日益成为领导干部的自觉行为。从只报不查到既报又查，从部分查核到"凡提必核"，个人有关事项报告制度铁规发力，成为从严治吏的一把利器。

1. 个人有关事项报告制度的变革完善

领导干部报告个人事项，是管党治吏的一项重要制度安排。2010年5月，中共中央办公厅、国务院办公厅修订印发了《关于领导干部报告个人有关事项的规定》，明确要求副处级以上领导干部每年要如实向组织报告婚姻、出国（境）、收入、房产、投资、配偶及子女从业等14个方面的个人有关事项，这对于落实党要管党、从严治党方针，加强领导干部管理监督发挥了重要作用。

2014年1月，中组部印发《领导干部个人有关事项报告抽查核实办法》

（试行）》，在全国范围内正式启动了领导干部个人有关事项报告抽查核实，并建立抽查核实机制。2015年全面实行"凡提必核"，凡是拟提拔为副处级以上干部人选、后备干部人选以及转任重要岗位人选等，都要进行重点查核，并将随机抽查比例由3%~5%提高到10%。既报又查、扩大抽查比例、"凡提必核"，各级领导干部普遍感受到，报告个人有关事项越来越严，抽查核实之弦绷得越来越紧。领导干部的戒惧意识、规矩意识明显增强。

随着管党治党形势的发展变化，原来的规定有一些方面已不能很好适应实践发展的需要，对遇到的新情况新问题需要通过完善制度来解决。例如，随着国有企业改革不断深化、事业单位分类改革力度进一步加大，干部管理监督需要更加科学化、精准化，对报告对象范围作适当调整势在必行。再如，随着经济社会的发展，就业从业形式多样化，投资渠道多元化，从防范利益冲突、促进领导干部廉洁用权廉洁齐家的角度，亟待对报告的家事、家产有关事项予以进一步明晰和完善。

为了适应新形势新要求，回答和解决制度执行中的新情况新问题，2017年4月，中共中央办公厅、国务院办公厅印发了新修订的《领导干部报告个人有关事项规定》（以下简称《规定》）和新制定的《领导干部个人有关事项报告查核结果处理办法》（以下简称《办法》）。修订出台的《规定》，坚持分类管理原则，抓住"关键少数"，进一步突出了对党政领导干部的监督，将国有企业、非参公事业单位的报告对象范围作了适当调整。报告事项内容更加突出与领导干部权力行为关联紧密的家事、家产情况。《办法》明确了认定漏报、瞒报需要掌握的基本原则、具体情形和处理依据，规定了领导干部因不如实报告个人有关事项受到组织处理和纪律处分的影响期，为更加有效地强化查核结果运用提供了遵循。两项党内法规的出台实施，是贯彻中央全面从严治党战略布局、加强领导干部管理监督的又一重大举措，对于进一步严明党的政治纪律和组织纪律，从严管理监督干部，具有十分重要的意义。

2. 个人有关事项报告制度的实践发展

2017年4月，中国纪检监察报上披露一组数字，"十八大以来，全国因查核发现不如实报告等问题被暂缓任用或取消提拔重用资格、后备干部人选资格9 100多人，因不如实报告等受到处理12.48万人"。不如实报告个人有关事项，绝不是个人洒脱不羁的"小节"，而是干部不守纪律的"失节"。

2018年8月，中共中央公布新修订的《中国共产党纪律处分条例》，对全面从严治党、加强纪律建设进行再部署再动员，将不按规定向组织请示报告重大事项等由其他纪律调整到政治纪律，并在第五十四条和七十三条作出处理规定。落实好领导干部个人有关事项报告制度，是一项治腐、防腐的利器，也是一剂治愈"带病提拔""边腐边升"的良药。

在实践工作中，以中国热带农业科学院为例，单位对两项党内法规修订印发以来的集中填报和初任首次填报有关情况，以及随机抽查、重点查核等发现不一致的认定情况开展了自查总结，重点对2020年集中填报和自查自纠等工作进行了总结，有关情况主要如下。

（1）关于集中填报的情况，注重在做好填报通知的基础上，加强填报形式审核和录入工作。一是做好填报通知。要求填报对象认真学习《两项法规》《学习辅导百问》，同时将近年来单位内部领导干部个人有关事项报告情况问题的通报和相关易漏点汇总案例一并转至填报人员，提醒认真学习、对照查摆，做到警钟长鸣、举一反三，确保个人有关事项报告填报规范完整、真实准确。二是加强形式审核。坚持把关前移，单位组织人事部门在数据录入前对个人有关事项报告加强形式审核。从形式审核情况上看，个人有关事项报告质量不断提升，但仍存在一些问题，主要体现在"报告日期未具体到日""上一年1月1日以前过期的因私出国（境）证件仍填报""填报金额未换算为万元单位""房产情况或股票、基金、投资型保险中个别信息不完整""不存在个人认为需要报告的其他事项时未填无"等方面。三是仔细完成录入。专门安排政治素质过硬、作风正派、做事细心的干部负责干部个人事项报告数据输入工作，确保填报内容与录入信息一致，逐项校对、逐一审核，并就发现的问题及时与填报人员沟通，确保高质量完成。

（2）关于自查自纠的情况，通过开展自查自纠，单位近年来随机抽查中比对核实不一致的比例明显下降，存在漏报、瞒报的主要原因是：对相关政策和填报要求学习理解不透彻，占比超过50%，其中个别同时存在受保险公司咨询误解现象；填报时疏忽大意，占比约30%；未与配偶等家人充分沟通核对，占比约20%。

（3）关于研判认定的情况，单位党组对领导干部坚持严管与厚爱相结合，组织人事部门严格按照两项法规规定要求，及时对随机抽查和重点查核等发现的不一致情况开展函询通知与核查了解。一是在总体情况、本人说明和佐证材料、实际调查了解等基础上，注重综合分析研判，实事求是地提出处理意见，避免认定把握简单化、不准确和处理畸轻畸重问题。二是在做好通知和提醒工作的前提下，切实杜绝对以不清楚不理解政策规定、填报时没注意不小心等理由开脱漏报、瞒报等行为。

综上可知，越织越密的制度笼子，使个人事项报告制度日益深入人心，重视程度越来越高。广大领导干部普遍认识到，是否如实报告个人有关事项是对党忠不忠诚、老不老实的具体体现，自觉接受监督的意识明显增强。许多单位在填报前专门组织领导干部进行培训；更多的领导干部自觉做"透明人"，向党组织说真话说实话，如实向党亮家底。社会对报告制度的认同感也不断增强，普遍认为这是对领导干部真管真严的有力措施，长期坚持下去，一定会促使干部形成接受监督的思想自觉和行为习惯，促进形成廉洁从政、廉洁齐家的良好政治生态。

五、科研事业单位做好干部监督管理工作的思考和启示

从严监督管理干部是干部管理的重要内容，是建设高素质干部队伍的

重要举措和促进干部健康成长的重要手段，有利于树立正确的用人导向，特别是加强对选人用人工作的监督，能够及时发现和纠正干部工作中存在的问题，形成良好的选人用人风气，有利于规范权力的运行，预防权力滥用的现象发生。对于科研单位而言，可从以下6个方面进一步加大监督管理力度，制定监督长效机制，具体如下。

一是着眼体制机制，完善制度建设，扎紧不能腐的笼子。把制度建设作为重点，不断加大制度的执行力度，制定完善形成涵盖"三重一大"决策管理、巡视工作、廉政档案和个人事项报告等方面内容的科学有效的制度监督机制。

二是加强事前防范，教育干部自我监督，筑牢不想腐的思想堤坝。要加强党性教育，引导干部自我监督；要加强廉政教育，强化自我监督约束；要加强法制教育，提升干部法制观念。

三是坚持从严管理，多措并举强化过程监督。及时掌握干部的思想动态，坚持"五必谈"：提拔任用时必谈，岗位调整、轮岗交流必谈，考核结果排名靠后或其他渠道发现有问题必谈，离开工作岗位必谈，有个人思想、工作、生活等问题必谈。认真落实干部考核及述职述廉制度，严格执行领导干部报告个人有关事项制度，加强干部"兼职""因私出国""裸官"等监督管理。

四是拓宽渠道，整合力量，构建立体监督"大格局"。强化组织、纪检、审计等各部门协同，汇总上级、同级、下级发现的问题，健全干部信息档案、考核评价与管理监督联动机制。强化部门间协作，建立党务、纪检、组织人事等部门的信息共享通道，更加全面掌握干部的政治表现、履职情况等。畅通信息互通反馈渠道，有效解决干部"八小时外""生活圈""社交圈"难监督、监督难的问题。

五是强化监督结果运用，形成不敢腐的惩戒机制。要坚持用好"四种形态"，抓早抓小，确保把苗头性、倾向性问题遏制在萌芽状态；对干部出现的不同程度问题，及时运用提醒、函询、诫勉等方式，防止小毛病演变成大问题，注重平时教育培养；对出现严重问题或屡教不改的干部，按照党纪政纪及法律法规严肃处理。要注重风险防控，用身边事教育身边人，持续做好"两个责任"的落实，不断细化责任清单，层层传导压力。

六是加强组工干部队伍自身建设。打铁还需自身硬，按照党中央全面从严治党的要求，组工干部所在的部门要首先把自己"摆进去"，监督别人更要用严格的制度管好自己，以更高的标准、更严的纪律要求，保持组工干部队伍纯洁（曹佳璐，2020）。

第三节　规范档案管理　切实对干部负责

要充分认识档案和档案工作的重要地位，紧紧抓住新时代档案事业发展的重大机遇，增强做好档案工作的责任感紧迫感，主动着眼大局、融入大局、服务大局。始终坚持档案工作的正确政治方向，在"为谁服务、怎样服务"等重大问题上想明白、弄清楚、做到位，切实把"档案工作姓党"原则贯彻落实到档案工作各方面各环节。不断强化档案资源的开发利用，找准档案工作服务大局的切入点、结合点，拓展服务领域，延伸服务触角，努力在系统、深度、精准的开发利用上下功夫。

一、档案的定义

学术界关于档案的定义各持己见，据不完全统计，国内外已有上百种定义。根据下定义的出发点和角度来划分，大致可以归纳为5种类型：法规型、辞书型、教科书型、专著型、论文型。为什么会有如此众多的档案定义呢？主要有如下几个原因（宫庆新，2013）。

第一，不同国家有不同的政治文化观念，对档案的认识也有所不同。例如，法语国家认为文件（文书，下同）一旦形成就叫作档案，包括文件的现行作用、半现行作用和非现行作用 3 个阶段在内；我国认为文件向档案部门归档后才叫作档案，包括文件的半现行作用和非现行作用两个阶段在内；英语国家认为文件进入档案馆后才叫作档案，仅指文件的非现行作用阶段。

第二，同一国家不同时期的人们站在不同的角度观察，对档案的认识也会产生差异。例如，有人认为只有经过专门整理和鉴定的归档文件才能称作档案，有人认为只有档案机关收藏的无现行作用的文件才能称为档案。

第三，同一国家同一时期的人们因不同的需要，对档案的认识也会有所差别。我国档案法所称档案是指凡是具有保存价值的历史记录，而不少档案学者则认为档案是由档案机关保存备查的历史记录。

第四，因为档案学作为一门新兴学科，还处于尚未成熟的阶段。随着社会的进步和科学技术的发展，档案和档案工作也在不断发展。

进入工业社会以后，开始出现声像档案，如照片、影片、唱片、录音带和录像带等。20 世纪中期以后，档案载体又发生了革命性的变化，产生了以代码形式记录在磁带、磁盘、光盘等载体上、依赖计算机系统存取并可在通信网络上传输的电子文件，这些具有保存价值的已归档的电子文件及相应的支持软件，参数和其他相关数据称为电子档案。电子档案的产生，是档案领域最剧烈的一次变革，它直接影响着档案工作的运作方式、基本理论乃至思维观念（马迪，2018）。

二、干部人事档案的发展和管理

（一）干部人事档案管理的萌芽产生

干部人事档案的萌芽产生于近代的人事档案，到了中华民国时期，社会性质与人事制度发生相应的变化，人事档案由考试、任用、甄别审查、考核、保举、受勋等渠道产生。例如，考试、分发过程中，形成履历表、考试及格证书、分发申请书、学习成绩考核表等；任用过程中，形成的公务员任用审查表、履历书、任命状等；考核过程中，形成的考绩表、考绩奖状证书等；受勋活动中形成的勋绩事实表、调查材料、审核结论等。我党建党初期，在组织工作中形成了一些记载党员和干部的个人材料，这些材料就是中国共产党最早的干部人事档案原材料。1940年，审干运动中形成本人检查、登记表、详细履历、证明材料、审查结论、鉴定等材料。在中央统一部署下，党政军系统的干部开始建立人事档案。由于材料的大量增加，就形成了最初一人一袋的干部人事档案（邓绍兴，2012）。

（二）干部人事档案管理的演变发展

中华人民共和国成立后，中央组织部于1956年8月召开了第一次全国干部档案座谈会，制定了我国第一部全国性的关于干部档案工作的法规——《干部档案管理工作暂行规定》。在第一次全国干部档案座谈会的推动下，1956年到1966年的干部档案工作建设取得了巨大成绩：确定了管理体系和组织体系，建立了规章制度，收集整理了干部档案，改善了人事档案工作的物质条件。

1980年12月，中央组织部召开了第二次全国干部档案工作座谈会，出台了《关于加强干部档案工作的意见》《干部档案工作条例》《干部档案整理办法》等文件。

1990年12月，中央组织部召开了第三次干部档案工作座谈会，1991年4月，中央组织部、国家档案局修改了《干部档案工作条例》。2018年11月中共中央办公厅印发了《干部人事档案工作条例》。

（三）干部人事档案管理的现行状态

现行的《干部人事档案工作条例》（以下简称《条例》），共七章四十六条，全面贯彻习近平新时代中国特色社会主义思想和党的十九大精神，深入落实全国组织工作会议精神，坚持和加强党的全面领导，坚持党要管党、全面从严治党，坚持从严管理干部，总结吸收党的十八大以来从严管理干部人事档案工作的新经验新成果,对干部人事档案工作的体制机制、内容建设、日常管理、利用审核、纪律监督等加以规范完善,是今后一个时期全国各级各类干部人事档案工作的基本遵循。

《条例》中指出,干部人事档案是各级党委(党组)和组织人事等有关部门在党的组织建设、干部人事管理、人才服务等工作中形成的,反映干部个人政治品质、道德品行、思想认识、学习工作经历、专业素养、工作作风、工作实际、廉洁自律、遵纪守法以及家庭状况、社会关系等情况的历史记录材料。干部人事档案是教育培养、选拔任用、管理监督干部和评鉴人才的重要基础,是维护干部人才合法权益的重要依据,是社会信用体系的重要组成部分,是党的重要执政资源,属于党和国家所有。

(四) 干部人事档案的主要内容和分类

1. 履历类材料

主要有《干部履历表》和干部简历等材料。

2. 自传和思想类材料

主要有自传、参加党的重大教育活动情况和重要党性分析、重要思想汇报等材料。

3. 考核鉴定类材料

主要有平时考核、年度考核、专项考核、任(聘)期考核,工作鉴定,重大政治事件、突发事件和重大任务中的表现,援派、挂职锻炼考核鉴定,党组织书记抓基层党建评价意见等材料。

4. 学历学位、专业技术职务(职称)、学术评鉴和教育培训类材料

主要有中学以来取得的学历学位,职业(任职)资格和评聘专业技术职务(职称),当选院士、入选重大人才工程,发明创造、科研成果获奖、著作译著和有重大影响的论文目录,政策理论、业务知识、文化素养培训和技能训练情况等材料。

5. 政审、审计和审核类材料

主要有政治历史情况审查，领导干部经济责任审计和自然资源资产离任审计的审计结果及整改情况、履行干部选拔任用工作职责离任检查结果及说明、证明，干部基本信息审核认定、干部人事档案任前审核登记表，廉洁从业结论性评价等材料。

6. 党、团类材料

主要有《中国共产党入党志愿书》、入党申请书、转正申请书、培养教育考察，党员登记表，停止党籍、恢复党籍，退党、脱党，保留组织关系、恢复组织生活，《中国共产主义青年团入团志愿书》、入团申请书，加入或者退出民主党派等材料。

7. 表彰奖励类材料

主要有表彰和嘉奖、记功、授予荣誉称号，先进事迹以及撤销奖励等材料。

8. 违规违纪违法处理处分类材料

主要有党纪政务处分、组织处理、法院刑事判决书、裁定书和公安机关有关行政处理决定，以及有关行业监管部门对干部有失诚信、违反法律和行政法规等行为形成的记录，人民法院认定的被执行人失信信息等材料。

9. 工资、任免、出国和会议代表类材料

主要有工资待遇审批、参加社会保险，录用、聘用、招用、入伍、考察、任免、调配、军队转业（复员）安置、退（离）休、辞职、辞退，公务员（参照公务员法管理人员）登记、遴选、选调、调任、职级晋升，职务、职级套改，事业单位管理岗位职员等级晋升，出国（境）审批，当选党的代表大会、人民代表大会、政协会议、群团组织代表会议、民主党派代表会议等会议代表（委员）及相关职务等材料。

10. 其他可供组织参考的材料

主要有毕业生就业报到证、派遣证，工作调动介绍信，国（境）外永久居留资格、长期居留许可等证件有关内容的复印件和体检表等材料。

(五) 旧版与新版《干部人事档案工作条例》的对比

随着《干部人事档案工作条例》的施行，1991年4月，由中央组织部、国家档案局印发的《干部档案工作条例》同时废止。这意味着时隔27年后，干部人事档案工作有了新规定，作了调整和完善。

1. 明确新时代干部人事档案工作定位

提高政治站位，鲜明提出干部人事档案是党的重要执政资源，始终服务广大干部人才，服务党的建设新的伟大工程，服务新时代中国特色社会主义伟大事业。

2. 加强顶层设计

完善分级负责、集中管理体制，打造政策统一、相互衔接、有机配合的工作新格局，精简整合《干部档案工作条例》中日常管理具体内容，形成一个以宏观指导和原则要求为主，又兼顾实际操作的党内法规。

3. 突出全面从严要求

新增档案审核内容，坚持干部人事档案"凡提必审""凡进必审""凡转必审"，全面规范档案的"建、管、用"，新设专章明确档案工作纪律和监督要求，细化责任分工，强化责任担当。

4. 注重效用发挥

丰富完善档案内容，重点收集体现干部忠诚干净担当等方面的材料，增加档案信息化建设和信息资源开发要求，为全面历史辩证地评价干部提供翔实的档案信息。

三、规范干部人事档案工作的重要性

党的十八大以来，国家分级分批集中开展了干部人事档案专项审核工作，对档案造假问题进行专项整治，档案内容回归本真，制度建设得到有力加强，歪风邪气受到有效遏制，广大干部普遍经受了党性洗礼，营造了干部人事档案工作的"青山绿水"，优化了干部选拔任用工作生态。

《干部人事档案工作条例》（以下简称《条例》）的出台为做好新时代干部人事档案工作提供了基本遵循和具体要求，各级党组织要坚定以习近平新时代中国特色社会主义思想为指导，深入贯彻党的十九大和全国组织工作会议精神，坚持正确政治方向，对标《条例》要求部署，努力提升干部人事档案工作质量和水平，不断开创新时代干部人事档案工作新局面。

第一，规范管理干部人事档案工作是推进全面从严治党向纵深发展的必由之路。坚持全面从严治党，所谓"全面"，不仅要体现在范围的广度上，而且要体现在落实的深度上。加强党员干部队伍管理是全面从严治党的重要内容，做好干部人事档案工作是加强党员干部队伍管理的题中之义。坚持全面从严治党就必须坚持从严管理干部，坚持党对干部人事档案工作的统一领导，坚决把党的政治建设要求贯穿档案工作的各个环节，对干部人事档案工作的体制机制、内容建设、日常管理、利用审核、纪律监督等方面，全面从严加以规范完善，严格落实"十一严禁"工作纪律要求。各级党组织和广大党员干部要强化组织观念和规矩意识，严格遵守档案工作各项纪律，严把选人用人档案关，推动全面从严治党向纵深发展。

第二，规范管理干部人事档案工作是建设高素质专业化干部队伍的重要举措。干部人事档案是我们党创造的独特财富，是建设高素质专业化干部队伍的重要基础，在教育培养、选拔任用、从严管理监督干部等方面发挥了重要作用。党的十八大以来，国家分级分批集中开展了干部人事档案专项审核工作，对档案涂改造假、效用发挥不足等问题进行专项整治，营造出了干部人事档案工作的"绿水青山"。各级党组织要紧紧围绕服务建立素质培养、知事识人、选拔任用、从严管理、正向激励的干部工作体系，把干部人事档案作为组织考察、了解干部的重要依据，坚持"凡提必审""凡进必审""凡转必审"，为干部人事等工作提供全面准确鲜活及时的档案信息服务，为打造一支高素质专业化干部队伍把好考核任用的"第一道关口"。

第三，规范管理干部人事档案工作是落实严管厚爱要求、对组织和干部负责的具体表现。干部人事档案的收集、统计和归档，一般从中学时期一直延伸至退休直至死亡，记载了干部成长过程中的历史资料与客观信息，反映出了干部的家庭关系、德才表现和对其过往经历的认定和评价，包含了干部在学习、工作中所形成的各类考核、审查、评价、奖励和处分结果，并且随着干部的活动或成长轨迹而不断丰富和完善。利用干部人事档案发现、培养、使用、监督干部，是组织进行干部管理的重要手段。干部人事档案质量的好坏，直接影响组织对干部个人的评价。因此，规范干部人事档案的建立、收集、归档、保管、转递、保密以及信息化工作，确保干部人事档案信息数据的真实性、准确性和完整性，既是对组织负责，又是对干部个人负责；既能有效防止干部"带病提拔"，也有利于形成公道正派的选人用人核心理念和正确的选人用人导向，为做好干部工作和组织工作提供坚强保障。

第四，规范管理干部人事档案工作是新时期科研事业单位完善治理体系、提高治理能力的迫切需要。国家档案局在《全国档案事业发展"十三五"规划纲要》中提出了档案法治化的目标，而完善的档案治理体系既是档案治理水平提高的体现，也是档案治理法治化的重要标志。科研事业单位、干部人事档案治理体系和治理能力现代化分别是国家、档案治理体系和治理能力现代化的重要组成部分，关乎着国家和档案治理体系和治理能力现代化的推进速度。在国家治理体系和治理能力现代化的推进过程中，干部和干部人事档案起到无可替代的基础保障作用。干部人事档案作为档案整体的一个重要方面，尤其是解决"干部"的因素的关键所在，在科研事业单位加快建设高素质专业化干部队伍中，发挥着"第一道关口"和"压舱石"作用。因此，规范管理干部人事档案工作，能更好地服务新时期科研事业单位完善治理体系、提高治理能力。

四、干部人事档案管理工作现状

随着《干部人事档案工作条例》的颁布实施，虽然从制度上保证了干部人事档案管理工作的严密性，在一定程度上规范了干部人事档案工作，但是就日常管理、专项审核工作等方面来看，仍存在需要改进的一些现状。

一是日常管理需要加强。在干部人事档案管理期间，离不开各方人员和部门的支持和配合，换言之，即干部人事档案管理人员与干部本身要加强对档案管理工作的重视，要及时提交有关存档材料，配备档案专职人员，提高档案管理人员工作积极性。

二是能力素养有待提高。干部人事档案管理由于其工作的特殊性，需要从事干部人事档案管理工作的人员具备较高的政治素养，有较强的学习能力，在选用干部人事档案管理管理人员时要充分考虑其专业能力。

三是信息化水平加以提高。传统的干部人事纸质档案管理存在无法改变的弊端，比如，保存的安全性、归档的准确性、查询的便捷性、档案数据之间的关联性等均不能完全满足新时代干部人事工作的需要。要探索干部人事档案电子化、数字化建设，形成一套成型、完善、实用的干部人事档案管理系统。

四是存储条件有待优化。单位要设置独立的档案室，避免档案和库房中所堆积的众多废旧物存放在一起。否则，由于基础设施水平落后，则会造成干部人事档案管理工作不能有效展开。

五是协同机制需要健全。档案管理是一项长期性、连续性的工作，在干部人事档案管理过程中需要对干部各个阶段和不同方面的材料进行收集、整理和保管。因此，为了收集全面和及时，需要建立有效的材料收集网络和协同机制。

五、科研事业单位规范档案管理工作的思考和启示

针对干部人事档案管理过程中存在的突出问题,结合干部人事档案管理工作新任务、新要求,为进一步规范科研单位干部人事档案管理工作,可从以下7个方面把握(颜文安,2019)。

第一,把握《干部人事档案工作条例》(以下简称《条例》)对干部人事档案管理工作的新要求。《条例》对干部人事档案工作的体制机制、内容建设、日常管理、利用审核、纪律监督等方面明确了要求,其内容范围涵盖了干部人事档案管理工作的全过程和各个环节,是今后一个时期干部人事档案管理工作的基本遵循。科研单位要深入学习贯彻《条例》,提高政治站位,准确把握《条例》的精神和新要求,把干部人事档案管理工作作为一项重要的基础性工作抓好,把干部人事档案管理工作作为新时代党的重要执政资源抓实。

第二,充分认识干部人事档案管理工作的重要性。要把干部人事档案管理工作纳入单位日常管理工作中,扩大干部人事档案管理的宣传教育力度,增强干部人事档案管理人员的工作认识,切实了解干部人事档案管理工作是执行党的干部路线的工作,明确干部人事档案管理是衡量干部职工晋升等不可缺少的标准,保证干部人事档案管理人员做好分内工作,提升管理水平质量。另外,还要加强宣传有关法规以及制度等,正确引导干部本人认识干部人事档案的重要性,主动配合干部人事档案管理工作的展开,提供更加完备和真实的个人材料。

第三,创建完善干部人事档案管理工作制度体系。要加强顶层设计,以《条例》《中华人民共和国档案法》以及相关政策为基础,结合实际,对现有规章制度的适用性和有效性进行梳理评估,补充完善相关内容,细化落实有关措施,形成一套既符合政策要求,又切实可行可操作的规章制度。要以"管好档案"为工作的出发点,有效落实档案收集、整理、保

管、使用等各项规章制度，确保工作全过程符合规定要求，持续推进干部人事档案工作科学化、制度化、规范化，注重建立长效机制，以制度创新推动干部人事档案工作取得实效。

第四，持续提升干部人事档案管理人员工作素养。干部人事档案工作必须明确专人负责，要组建一支思想政治过硬、工作作风优良、业务水平精湛的高素质、专业化干部人事档案工作人才队伍。严格按照中央组织部的要求配备相应数量的专职管理人员；对于兼职档案管理人员，也应该考虑到工作量和工作负荷，确保有足够的时间精力投入到干部人事档案的管理工作中。特别是，为了符合现代化人事档案工作的需要，应培养选拔一批综合素质高、具有一定现代化科技知识、年龄相对年轻的同志充实到干部人事档案管理队伍中，为提高档案质量和管理水平提供有力保障。

第五，大力改善干部人事档案管理工作基础条件。要加大资金投入，提升硬件设施，2017年，《国家人事档案管理办法》第十五条规定："人才流动服务机构应具备管理流动人员人事档案的物质条件，建立坚固的防火、防潮的专用档案库房，配备铁质的档案柜，经常检查库房的防火、防潮、防蛀、防盗、防光、防高温等设施和安全措施。"实现档案管理现代化的前提就是不断改进保管技术与保管方式，只有硬件设施得到了进一步完善，人事档案管理部门的工作效率才能得到进一步提升，干部人事档案的利用效率也才能得到大幅度改进。

第六，稳步推进干部人事档案管理信息化建设。要最大化地对信息技术资源加以利用，创建干部人事档案管理现代化信息平台，应用大数据及人工智能技术深入挖掘干部人事档案价值，提升干部人事档案的利用率，达到动态化、全面化管理的目的。要创建干部人事档案局域网，利用局域网间的互相联系，更好地达到共同分享档案信息资源的目的，在档案查询时，更加简单和便利。另外，要通过信息化管理档案，使纸质案卷损坏的难题得到妥善解决。

第七，建立健全干部人事档案管理工作协同机制。要坚持"党管干部人事档案工作"的原则,各单位、各级党组织要切实发挥主体责任,党政主要领导要切实履行第一责任人职责,加强对干部人事档案工作的组织领导,将干部人事档案管理工作纳入重点工作计划和党建目标管理考核。要加强顶层设计,建立健全从严管理干部人事档案的工作体系,建立完善集中管理、统筹协作、分级负责的工作机制,形成以单位党政主要领导负总责,组织人事部门牵头,档案、后勤、纪检监察、保密机要、信息技术等相关部门主动参与的干部人事档案工作协调配合机制,明确职责分工,优化工作流程,协调解决问题。

第七章
正向激励体系建设

党的十九大报告提出，要坚持严管和厚爱结合、激励和约束并重，完善干部考核评价机制，建立激励机制和容错纠错机制，旗帜鲜明为那些敢于担当、踏实做事、不谋私利的干部撑腰鼓劲。要建立崇尚实干、带动担当、加油鼓劲的正向激励体系，树立体现讲担当、重担当的鲜明导向。在新时代，健全正向激励机制是贯彻党的组织路线、加强党的建设的必然要求，更是促进干部新时代新担当新作为的题中之义。要坚持习近平新时代中国特色社会主义思想的指导，在整合激励因素、优化激励结构的基础上，从文化培育、制度规范、技术支撑的三维角度，推动激励机制的有效性和长效化进程。

当前，全面深化改革当前已进入深水区，任务重、矛盾多、困难大，需要干部队伍主动担当、迎难而上。与此同时，干部需求多元化特征也日趋明显，干部既有政治发展的需要，也有物质经济的需要，还有精神慰藉的需要，更有自我实现的需要，这迫切需要运用正向激励来满足干部合理诉求、强化团队归属。

第一节　激励保障机制

一、含义和意义

激励机制是指通过特定的方法与管理体系手段并使之规范化和相对固定化，而与激励客体相互作用、相互制约的结构、方式、关系及演变规律的总和，它是组织将远大理想转化为具体事实的连接手段。激励的本质是深度挖掘员工的内在潜力，激发员工的工作潜能，体现的是对员工心理状态的一种刺激，目的是让员工在工作过程中呈现出更好的精神状态，工作时更具积极性和主动性，进而快速高效地实现组织赋予的目标。

薪酬体系是现代人力资源管理体系的前提和重要组成部分,完善与创新的薪酬制度,可以吸引、留住、激励和凝聚优秀的人才,使他们的能力得以充分持续发挥,进而为事业单位的可持续发展奠定坚实基础。薪酬体系也是员工个人行为导向的目标和工作动机产生的源泉,决定单位人力资源激励的有效性,事业单位薪酬制度的完善与创新,对事业单位经营发展起到了重要作用。

二、激励机制在事业单位人力资源管理中的作用表现

(一) 保证人力资源合理配置

现阶段的社会是知识经济社会,各种新的观念和理论层出不穷,技术也是不断更新。要想在激烈的竞争中保证自身的竞争优势,就必须对自身进行革新,保证单位的活力。人力资源无论是在企业还是在事业单位中都发挥着重要的作用,事业单位也是一样,激励机制能够保证员工的工作热情,促进人力资源配置达到良性状态。在这种情况下,事业单位的资源向工作效率高的员工有效倾斜,促使员工将更多的精力投入到工作中,提升单位经济效益,保证收益持续增长并快速创收。

(二) 增强员工的归属感和事业心

良好的激励机制能够帮助建立和谐融洽的氛围,增强员工的归属感和事业心。在激励机制的建设方面应该注重两个方面,一是物质激励;二是精神激励。物质激励能够让员工多劳多得,给予安全感,在这一方面可以从薪酬激励机制入手,让资源向高素质人才倾斜,保证其在没有生活压力的状态下,更集中精力投入到工作中;精神激励是对员工自身能力和价值的认可及肯定,有时候要比物质激励更能激励人心。

(三) 增强员工的危机意识

激励机制最终还是要落实在考核上，通过考核结果来确定最终应当奖励的员工。而对于考核而言，员工考核的结果有好有坏，对于考核优秀的员工进行奖励的同时，对考核成绩差的也要进行相应的处罚，保证激励与约束并存。当然，要坚持多奖少罚的原则，形成奋勇争先、不甘落后的良好竞争氛围，增强员工的危机意识。

三、事业单位人力资源管理中激励机制的开展策略

(一) 完善权力执行体系，促进激励机制的创新

要完善激励机制，国家层面需要赋予事业单位相应的权力，使事业单位形成一个完善的权力执行体系，这样才能确保激励机制的推进和完善。事业单位中的人力资源部门要改变故步自封的观念，积极学习并改变人力资源管理的方式方法，按照员工需求及时更新激励内容。当激励机制确立和完善后，在实施的过程中要保证公正公开，得到员工认可，使员工自觉挖掘自身潜力，发挥最大价值。

(二) 实行绩效薪酬制度，突出激励重要性

激励机制的目的就在于能者多劳，确立绩效与工资相结合的薪酬制度，是激发员工工作的积极性和创造性的重要步骤。在实施过程中，事业单位必须坚持人本原则，根据员工的实际情况建立相应的激励机制，让员工看得见、摸得着、有方向，也可以用树立榜样的方式，对单位表现优异的员工进行奖励，鼓励其他员工向其学习。

(三) 物质激励和精神激励兼顾并存

物质激励和精神激励是激励机制中不可或缺的两个重要因素，现阶段事业单位人力资源管理中对物质激励方面需要加强，保证在经济快速发展的今天，员工的收入水平能跟上时代的发展，让员工没有后顾之忧，才能在工作过程中更有干劲，为单位做出更大的贡献。精神上的激励同等重要，要给员工一些精神满足，满足不同员工的精神需求。

四、事业单位建立完善收入分配制度的实践探索

2006年，人事部、财政部印发的《事业单位工作人员收入分配制度改革方案》明确指出，事业单位岗位分为专业技术、管理和工勤技能三种岗位，其中专业技术岗位专技一级至十三级，管理岗位可分为一级至十级，工勤岗位可分为技术工一级至五级及普工，以中国热带农业科学院为例，单位所在地是2010年建立事业单位绩效工资制度，单位参照属地办法探索建立了绩效工资制度，以此探讨管理岗位绩效工资的问题，具体如下：自2010年实行绩效工资起，单位历经至少三次绩效工资改革，从相关工作近10年开展的情况中分析总结了七点思考和启示。

1. 单位之间绩效工资水平不平衡

单位之间绩效工资差距逐年拉大，个别单位工资待遇保障水平较低，给队伍稳定造成了直接影响，甚至对单位的高级管理人员的调整造成很大的影响。剔除不同单位之间人员构成、学历、职务、任职年限等结构性因素影响，造成单位之间绩效工资水平差距扩大的主要原因：一是各单位之间财政资金保障水平和自主创收能力差距较大；二是不同单位内部管理机制特别是绩效工资分配机制上的差异，形成了不同的激励效果；三是部分单位未能及时改革内部管理机制，未能用足相关政策；四是部分单位有待进一步聚焦研究方向、开展成果转化等工作，与国家、部委、地方政府的

政策相适应，与产业需求相适应，增强"造血"能力。

2. 管理岗位绩效考核难以实现量化

2006年发布的《事业单位工作人员收入分配制度改革方案》规定，事业单位要健全绩效评价机制，将绩效考核结果作为绩效工资发放的主要依据。由于受考核手段、考核成本等因素限制，目前绩效考核侧重于较易量化的项目，如获奖情况、科研项目或者论文数量等，虽然各管理岗位都列有岗位职责，但因为管理工作的复杂性、多样性和差异性，使得行政管理工作内容难以量化，难以通过依靠绩效考核来实现。目前，单位对工作人员的绩效考核主要采取年度考核，主要分为定性考核与定量考核，但由于管理工作难以量化，主要是以定性考核为主，以领导和同事投票评价为主，最终确定绩效考核等级，对应发放奖励性绩效工资。但这样的绩效考核形式单一，常流于形式，同一岗位系列、不同职级之间绩效工资总体差距不大，"吃职级""吃资历""吃大锅饭"等平均主义现象较为突出。

3. 管理岗位"金字塔"效应明显

由于科研院所的独特性，在岗位设置时管理、专技、工勤岗位比例有相应的规定，对管理岗位的比例控制较为严格，通常比例较小，在本身比例较小的情况下，管理岗位的等级数也比专技岗位小，高等级管理岗位数量限制，导致了管理人员上升通道狭窄，"金字塔效应"明显，越往高层级越困难，除特别优秀的人员外，以处级以下干部为主，对应的绩效工资就不能实现增长，导致其工资增长缓慢。《事业单位工作人员收入分配制度改革方案》规定，绩效工资分配向关键岗位、优秀创新团队和拔尖人才倾斜，适当拉开分配差距。不少科研院所实行绩效工资向科研岗位倾斜，科研人员的收入与行政管理人员的绩效和薪资差距较大。另外，专业技术人员可以通过申报课题、发表论文、人才专项资金等途径获得更多奖励绩效，而管理人员主要从事服务性工作，难以争取到奖励性绩效，进一步拉大了与专业技术人员的收入差距，降低了管理岗位的吸引力，不利于建设高素质专业化管理队伍。

4. 完善管理岗位绩效考核制度，发挥绩效工资激励作用

实施绩效考核是实现绩效工资对管理人员激励保障作用的重要途径。管理岗位人员工作职责具有多样性和差异性，相对应的绩效考核也应该采取不同于专业技术岗位的考核方法。一是绩效考核内容应尽量明确、细致、客观，考核内容应主要针对岗位履职情况、岗位工作成效、个人能力贡献等、工作任务的数量、质量、效率；考察业务水平、发现和解决问题能力、工作创新改善情况等。二是绩效考核形式应长效化，对于难以用成果来表示绩效的行政管理岗位，应加大考核力度，增加考核频率，日常考核和年终考核相结合，日常考核随机进行，年度考核定时完成。三是绩效考核结果要及时反馈，真正完善管理考核制度。

5. 明确行政管理岗位职责

岗位设置时，应根据工作需要，严格按照国家要求，合理设置管理岗位，明确岗位的具体职责和工作人员核心素养要求。管理人员绩效管理标准可分为绩效目标完成标准和关键素质行为标准两类；绩效目标完成标准由直属上级与行政人员依据工作职责和具体工作任务协商确定，关键素质行为标准则由单位统一制定。在明确岗位具体职责时，对岗位工作进行目标设定，尽量选取可量化的工作成果要求进行工作目标设置，在此基础上设计岗位工资、绩效工资等政策。在实施绩效管理时，可以根据岗位工作目标，实现目标管理，真正实现管理人员由身份管理、过程管理向岗位管理、目标管理的转变。

6. 管理岗位专业化

伴随事业单位岗位设置与绩效工资制度的进一步落实，管理人员的专业化发展备受关注，除了只有少数人能获得职务晋升外，可允许管理人员获得专业技术职称，建立适合于整体管理人员专业化发展的路径显得格外重要。受编制管理的限制，各类岗位数量有限，对于专业技术岗位充足的单位，可以允许管理岗位人员评聘职称，甚至对部分管理岗位预留一定的专业技术岗位。管理人员专业化，有利于单位加强管理研究，提高管理人员的业务能力、管理水平和理论功底，也有利于建设一支一流的高素质管理队伍，另外，管理人员获得相应专业技术职称后，可将其聘至专业技术岗位，领取专业技术岗位工资和绩效工资。

7. 科技成果转化助推工资增长

实行人员分类管理，加快研究和完善科技成果转化收益分配具体实施办法，引导从事应用研究、成果推广和转化的科技人员更多转向以科技成果转化收益分配为主，除从事基础研究的科研人员以外，其他科技人员绩效工资应逐步改变到以参与科技成果转化分配为主，推动科技成果加快向现实生产力转化，提高成果转化收入水平，使不同层次、不同岗位科研人员的收入水平保持渐进式平衡，弱化收入差距造成的逆向激励，让各类人员分享改革发展成果，缓解不同岗位人员收入差距过大引发的矛盾，更充分发挥绩效工资的激励作用和杠杆作用，更好地调动各级各类人员的工作积极性。

第二节 容错纠错机制

一、含义和意义

党的十九大报告指出，要建立激励机制和容错纠错机制，旗帜鲜明为那些敢于担当、踏实做事、不谋私利的干部撑腰鼓劲。中共中央办公厅印发《关于进一步激励广大干部新时代新担当新作为的意见》，再次强调要建立健全容错纠错机制，宽容干部在改革创新中的失误错误，这就为激励广大干部在新时代更好地担当作为提供了政策支持。

(一) 容错的客观依据

事物的发展不是一帆风顺的,而是在曲折中前进的,事物的发展过程中会有不确定性因素,难免会遇到风险和障碍,加上有些事物较为复杂,其本质不可能一下子暴露出来。从根本上说,人们只能够做到少犯错误,而不可能做到不犯错误。可以说,很多成绩都必经"摸着石头过河"之路,都伴随着试错纠错的过程。如果一概对错误"零容忍",势必会挫伤广大干部的积极性、主动性和创造性的发挥,容易使干部畏缩不前,最终阻碍党的事业发展。

(二) 容错不是纵容错误

包容错误不是包庇错误,更不是鼓励和纵容错误。容错要界限分明,不能让容错成为乱作为者的挡箭牌,不能让容错机制成为什么都可以往里装的"筐"。要把干部在推进改革中因缺乏经验、先行先试出现的失误和错误,同明知故犯的违纪违法行为区分开来;把上级尚无明确限制的探索性试验中的失误和错误,同上级明令禁止后依然我行我素的违纪违法行为区分开来;把为推动发展的无意过失,同为谋取私利的违纪违法行为区分开来。因此,容错有清晰界定,不是纵容出错,不是鼓励犯错,更要注意防范区分"明知故犯"。

(三) 容错的落脚点在于纠错

容错是为了给干部改正错误的机会,因此容错机制的落脚点是纠正错误,以达到解决问题的根本目的,从而使党的事业长足发展。一方面,党员干部自身要真正对失误错误反省,主动吸取教训,通过提高自身的能力素质,避免错误重犯。另一方面,组织人事部门要及时采取合理的补救措施,尽量控制和消除负面影响,在法律、纪律、规章条例允许的范围内保护干部、小惩大诫。只有把容错与纠错相结合,才能完整建立容错纠错机制，引导广大干部既大胆创新、勇于担当，又注意改正错误、少走弯路。

(四) 容错纠错的现实意义

想用好担当有为的干部，就要为担当实干者撑腰鼓劲。探索可能会带来失误，洗碗越多摔破碗的概率就会越大，同理，干事越多出差错的概率也会越大。要注意防止"洗碗效应"带来的消极影响，建立健全容错纠错机制，为那些敢于创新、敢于担当、敢于作为的干部排除后顾之忧，鼓励他们放开手脚大胆干，树立起支持大胆探索、鼓励改革创新的鲜明导向，最大限度调动干部的积极性、主动性、创造性。

要认真贯彻中央激励广大干部新时代新担当新作为的意见，妥善把握事业为上、实事求是、依纪依法、容纠并举等原则，结合动机态度、客观条件、性质后果等情况，对干部的失误错误进行综合分析，该容的大胆容，不该容的坚决不容。对给予容错的干部，考核考察要客观评价，选拔任用要公正合理；及时为受到不实反映的干部澄清正名，让干部消除顾虑、放下包袱、轻装上阵。

要鼓励敢试、敢闯、敢担当者创新有为，必须消除其心理顾虑和行为牵绊，不必担心因无意过错而受惩罚。加大容错理念解释，引导大家自觉树立"失败是成功之母"理念，打开干部心结，激励更多想作为、能作为、善作为的干部"脱鞋下田"、大显身手。加强顶层制度设计，坚持以"三个区分开来"为标准确定容错边界，切实划清抓战斗力提升与消极保安全的界限，划清推进改革创新与以创新之名破规逾纪的界限，划清无意过失与明知故犯的界限，科学合理设置容错认定程序，分类制定容错配套实施细则。

二、建立容错纠错机制的现状条件

近年来，从中央到地方都在积极推出容错机制。容错机制在实践中如何达到预期效果,如何将容错机制的功效发挥到极致,明确管理干部容错在实践中面临的各种问题,对于梳理清楚当下管理干部容错机制的具体意义具有深远的理论和实践价值(甘玉婉,2020)。

(一) 科学客观的容错条件

容错条件是判定管理干部是否应该被容错的重要标准,需要科学客观地在政策文本中描述容错条件内容。各地政府的容错机制政策文本,主要从客观和主观两个方面来描述错误情形,从主观内容来看,主要有是否为公为民,是否促进政策的顺利实施,是否主动承担急难险重工作等。部分内容主观性较强,导致实施主体在执行或参考政策时无法精准判断容错条件,容错机制效力大打折扣,容错条件清单翔实度有待提高。

(二) 完善的权力监督机制

一是机制运行前的决策监督。政府的垂直管理体制增加了政府的权威性,同时也为干部容错机制的有效实施带来了一定的管理环境挑战。决策是否科学往往取决于领导个人的专业素养、知识水平、职业道德等,因此,在重大项目决策之前,需要收集社会公众意见,并有效进行试点、试验和论证。二是机制运行过程中的权力监督。各地政府在建立机制过程中,不能忽视对于容错认定主体权力使用的监督,管理干部容错过程要对社会公众进行公开,使得公众利益在认定过程中充分体现。

(三) 具体可行的操作办法

现实可操作性在政策制度中的反映便是对于一个名词或者概念具有明确客观的标准,在同一个层面使用同一个概念时,如果概念的指向性相对明确,便不会产生歧义,或给权力寻租的空间。容错机制的设计初衷是为了激励干部进行改革创新,在从严治党的背景下作为问责制度保障,容错机制负责对部分错误进行容错并保护基层干部的干事热情,问责机制负责对于严重错误进行责任追究，二者在理论层面上是互补共生关系。在基层干部容错机制的实施过程中，基层干部容错机制与问责机制之间存在决策冲突，说明容错机制的运行依据不够明确，进而导致其现实可操作性不强。

三、建立容错纠错机制的注意事项

（一）营造良好的容错环境氛围

倡导容错性民主精神，谨慎对待试错权，充分认识纠正错误的价值功能，是"敢于"改革者必须树立的价值观念。一是要针对干部群体强化思想引领，深入学习习近平同志关于"好干部"的系列论述，鼓励全体干部负重前行、敢于担当。二是针对人民群众加强宣传教育。网络舆论早已成为社会舆论的重要组成部分，利用网络信息传播快、覆盖面广等特点，紧紧抓住网络舆论阵地，加强舆论引导工作，在社会上营造鼓励支持干部干事创业的良好氛围。三是树立科学的用人导向。突出"事业为上、公道正派"导向，完善好干部任用标准，大力选拔敢抓敢管、实绩突出的干部，完善政绩考核制度，建立合理的差别化考评体系。

（二）明确清晰的容错范围界限

一是坚持"三个区分开来"的根本原则。构建新时代干部容错纠错机制，必须以"三个区分开来"为指南，深刻把握容错行为内涵，强化容错纠错机制的整体制度建设。二是因地制宜制订判断标准。不同层级、不同地区乃至同一地区在不同时期的不同特点，在制订判断标准的过程要具体问题具体分析。尤其是在制订具体操作细则时，要尽可能考虑方方面面有可能涉及的具体情形，结合不同容错对象分类制订不同的容错清单。三是分门别类设立指标。干部群体内部人员有着不同的工作属性、行政类别和决策方式，从构成角度的不同来分别设立不同判定指标。

第七章 正向激励体系建设

(三) 规范合理的操作流程

构建干部容错纠错机制,要重点关注实践环节的细节性问题,合理限定执行者的自由裁量权,规范操作流程,这样才能发挥容错纠错机制的整体功效。一是明确执行主体,组织人事部门、纪检监察机关作为实施主体协调负责,组建专门的容错免责评审委员会。二是允许合理申诉,严格遵守调查程序,切实履行容错认定职责,给予容错纠错对象申辩的权利。可以参考以下步骤:容错对象提出申请—容错免责评审委员会调查核实—委员会评审认定—向追责部门及容错对象反馈结果。对于同一案件在结果认定上,决策部门要听取执行部门的意见。

(四) 完善配套的制度衔接

将容错纠错机制与科学决策机制、责任追究机制、有效纠错机制和合理激励机制有效衔接,形成整体有序的行政决策闭环。一是做好事前准备,健全科学决策。完善公共决策程序,把公众参与、专家谋划、风险测评、合法性检查、集体讨论决定纳入容错机制的必经程序,要扩大意见采纳渠道,邀请专业人士资政议政,同时注意听取广大人民群众的意见建议,提高政策制定的科学性。二是坚守政治底线,落实责任追究。容错纠错必须在法律框架下运行,严格落实责任追究机制,才能使容错机制长久有效运行。三是坚持"容错"与"纠错"并举,容错是为了给予犯错干部改过自新的机会,纠错是确保容错机制能获得人民群众的认可。纠错机制要及时快速发挥作用,辨别错误性质及类型,及时终止错误行为并进行纠偏和结果修正。

(五) 加大结果的运用力度

容错纠错机制的本质是激励和保护,必须牢牢抓住结果运用这个杠杆。一是加强沟通协调,及时消除政治受阻影响。容错免责评审委员会应在第一时间公开公示认定结论，及时反馈给单位和个人。如确属于免责情形，则应当给予免于一票否决，后备资格、评优评先等不受影响的处理结果。二是做好澄清保护，消除干部声誉受污受损的影响。声誉对干部的未来发展有着举足轻重的影响，要严厉打击恶意诽谤诬告、肆意造谣生事者，尤其是对免责干部的"污名化"问题上采取多样化的保护措施。

四、建立容错纠错机制的路径方法

当前，全国各地陆续出台了容错机制相关制度条例，大胆尝试建立容错纠错机制，但还未形成系统全面的机制范式。如何科学全面地构建管理干部容错机制是一项十分重要的课题，可以尝试从以下几方面寻求路径（薛瑞汉，2017）。

（一）科学界定容错内涵

科学认识和界定容错的内涵是建立容错纠错机制的前提基础。要把干部在推进改革中因缺乏经验、先行先试出现的失误和错误，同明知故犯的违纪违法行为区分开来；把上级尚无明确限制的探索性试验中的失误和错误，同上级明令禁止后依然我行我素的违纪违法行为区分开来；把为推动发展的无意过失，同为谋取私利的违纪违法行为区分开来，具体可以通过建立健全管理干部的权责清单来进行区分。

（二）规范完善甄别程序

容错所容的错误，其风险必须是可控的。如果严重损害了国家利益，或造成重大安全事故和不良影响，坚决不得包容。更不能因为容错机制的存在，就对管理干部降低要求。一个科学的程序，不仅能够提高办事效率，还能够实现看得见的正义。什么情况下可以容错免责，要有严格的认定程序，通过规范的程序对当时的情况进行调查、取证，将程序放在重要的地位。只有合理设置规范、具体的操作程序,才能有效发挥容错机制的制度效能。从地方探索情况看,容错机制实施程序一般分为申请、核实、认定、报备4个环节。

比如,《陕西省管理干部容错纠错办法(试行)》规定,容错认定要按照提出申请、调查核实、认定反馈等程序进行;济南的《关于支持党员干部干事创业建立容错免责机制的实施办法(试行)》规定,容错免责应按照提出申请、核实认定、报告备案等程序执行。认定程序要规范,通过规范容错免责的具体程序,完善操作流程,细化申请、核查、认定、实施、答复等步骤和环节,保证程序公开,阳光运行。至于由谁来认定单位和干部该不该容错免责,各地规定,容错机制的最终裁定由纪检监察机关、组织部门负责,因为它们担负执纪问责的主要职能。相关单位和干部因工作失误受到追责时,可向纪检监察机关或组织部门提出免责申请,纪检监察机关或组织部门受理申请后,要及时启动容错纠错执行程序,开展调查核实,广泛收集证据材料,形成调查报告,做出容错认定结论并反馈给申请单位或申请人。纪检监察机关或组织部门应当以事实为依据,依照标准进行全面判断,以确保容错纠错机制顺利推进、有序进行。

(三) 坚持公开透明原则

一是容错纠错机制的制定要公开。在制定容错纠错机制的过程中要广泛征求民众和专家的意见,尤其是针对容错范围的确定,应该广泛讨论,听取不同意见和建议。要最大限度地细化具体制度,提高制度的可操作性,保证制度内容的科学性和民主性,如明确规定可以免于追责的"错误"是哪些,对这些"错误"应承担的行政责任、政治责任和法律责任进行明确界定。二是容错纠错机制的运行要公开。容错纠错机制启动后,除了按照法律规定需要保密的情形外,政府需要公开容错纠错机制的运行过程,需要把容错纠错机制的组织架构、运行流程、实施细则、免责条款、组织认定程序等详细内容公开发布,让容错纠错在大众的监督下进行。三是容错纠错机制的实施结果要公开。容错纠错机制实施的对象、事件、启动容错纠错机制的原因和结果等要在一定范围内公开，保障制度的公信力，给干部和群众一个交代。要积极运用纠错成果，完善干部选人用人激励机制，从而激发干部创新的积极性。

（四）建立健全申诉机制

容错纠错机制要和申诉机制结合起来，形成正面激励和负面惩罚双管齐下的制度合力。要科学认证和判定个人责任，在避免错判的同时，允许责任人和当事人申辩申诉，保证他们的合法权利。在问责决定前，允许责任人和当事人举证解释，同时引入第三方评价，重点评价改革的必要性、民意认可程度、改革失败的价值，综合考虑是否应当容错。要以反馈的事实和评估的结果为依据，通过科学合理的评估机制来判定结果。对查无实据或轻微违纪免于追究纪律责任的责任人和当事人，可以通过谈心交流、通报等适当方式，及时澄清事实，消除负面影响，帮助他们放下思想包袱，大胆开展工作；对造成恶劣影响的，要坚决查处，并依纪依法追究责任。

第三节　关心关爱机制

关心爱护干部是干部管理时刻都不能放松的工作。我们不能因为严格管理就放松对干部的关心爱护，也不能因为强调关心爱护干部就忽视严格管理。对干部既严格要求又真诚关心，是干部管理的重要原则，两者相辅相成，统一在一个"爱"字上。真诚关心干部是严格管理干部的出发点，严格管理干部是以关心爱护干部为基础的（周庆智，2020）。

一、关心关爱基层一线干部

要真情关爱干部，帮助解决实际困难，关注身心健康，对基层干部特别是困难艰苦地区和奋战在脱贫攻坚一线的干部要给予更多理解和支持。基层干部工作辛苦、压力较大,对基层干部的关心关爱更要"实打实",努力让他们安心、安身、安业。

(一)工作支持实打实,充电机会多倾斜

"上面千条线,下面一根针",党和国家各项方针政策,要靠基层一线干部一条一条、一家一户去宣传去落实。无论是打好脱贫攻坚战,还是推动乡村振兴战略,都需要基层一线干部的组织和带动。要注重加强对基层一线干部的业务能力培训,将充电学习的机会向他们倾斜,帮助他们提高综合素质和工作能力,增强干事创业的信心和本领。多从理解支持的角度来安排工作、分配任务,适时提供指导或协调帮助,尽量为他们解决各种工作方面的困难,缓解工作压力。要坚决遏制"扎堆"检查评比、"一票否决"事项过多等问题,认真落实激励机制和容错纠错机制,旗帜鲜明地为在改革发展稳定和脱贫攻坚一线担当有为、无私奉献的干部撑腰鼓劲。

(二)成长发展实打实,培养使用多扶持

有奔头才有干头。基层条件相对艰苦、情况较为复杂、工作难度大,是培养锻炼干部的大熔炉。实践证明,有一定基层经历的干部,在做群众工作、处理实际问题和应对复杂局面等方面的能力都会相对较高。要树立从基层一线培养选拔干部的鲜明导向,坚持把选人的目光投向基层,把培养锻炼干部的阵地放在基层,坚持在脱贫攻坚、项目建设、改革创新、维护稳定一线发现、培养、考察和使用干部,对长期在艰苦环境下取得突出成绩的干部要优先提拔使用,让那些扎根基层、敢于担当的干部选得上、用得好。要创新体制机制,铺设基层干部成长通道,择优选拔基层事业单位编制人员、优秀村干部、大学生村官"三类人员"进入领导班子,全面落实职务与职级并行,破除职业发展"瓶颈",加大优秀基层干部交流力度,增强基层岗位的活力和吸引力,推动更多青年人才往基层走,让他们

留得下、干得好。同时，要树立典型，表彰先进，大力宣传工作做得好、成绩突出的基层干部，进一步增强基层干部的荣誉感和使命感。

（三）待遇保障实打实，后顾之忧多解决

基层工作面广量大，如果收入待遇差，不仅会挫伤一些基层干部的工作积极性，也容易造成基层人才流失。要进一步加大对基层的投入，推动人力、财力、物力向基层倾斜，保障基层干部的工资薪酬、津补贴、表彰奖励和各种正常的福利待遇。要严格落实干部职工年休假、年度体检等制度。重视和关心基层干部的日常生活，积极探索建立对困难基层干部的帮扶制度，多做一些给基层干部"雪中送炭"的实事好事，使基层干部生活中的困难得到及时解决，切实解除他们的后顾之忧。

（四）人文关怀实打实，组织温暖多传递

基层干部工作压力大，很容易影响到思想状态、心理状态和工作状态。要重视基层干部身心健康，加强人文关怀。每年安排一次干部健康体检，并建立干部个人健康档案；坚持谈心谈话制度，及时了解干部所思所想所盼，倾听诉求、疏导压力、消除疑虑，并适时开展心理健康讲座、心理咨询服务、心理健康测评等活动，引导干部正确认识心理健康问题，提高自我调节能力；认真落实党内关怀帮扶机制，对家庭困难或生病住院、发生重大变故的困难基层干部及时走访慰问，送去组织的温暖。

二、关心关爱干部心理健康

心理健康，是一个人正常生活、完成工作、应对社会、成就事业和获得幸福的重要保证，也是人的整体健康发展水平的重要标志。中国共产党从创建起，就一直重视加强对人的思想政治工作，这里的"思想政治工作"实际就包括"谈心谈话""思想交流""心理疏导""舒解情绪""关

心爱护"等含义（戴晓曙，2019）。

党的十七大报告中提出，要加强和改进思想政治工作，注重人文关怀和心理疏导。2009年12月，中共中央办公厅印发《2010—2020年深化干部人事制度改革规划纲要》，首次明确提出"关心干部身心健康"。2010年4月，《组工通讯》要求切实关心干部心理健康。2011年11月，中纪委、中组部、监察部联合印发《关于关心干部心理健康、提高干部心理素质的意见》。2018年5月，中共中央办公厅印发《关于进一步激励广大干部新时代新担当新作为的意见》，再次明确对干部要"关注心理健康"。2018年7月，习近平总书记在全国组织工作会议上指出，要真情关爱干部，帮助解决实际困难，关注身心健康，让广大干部安心、安身、安业。2018年11月，中共中央印发《2018—2022年全国干部教育培训规划》，把心理健康列为新时代干部教育培训的基本内容之一。

干部队伍作为一个特殊群体，对社会管理和社会服务负有特殊责任，但他们也和普通人一样会遇到智力、情绪、性格等精神方面的健康问题。心理健康，工作和生活中就会表现出坚定执着、乐观自信、沉稳平和、奋发有为、严谨自律的良好精神状态，反之，就会焦虑、抑郁，甚至精神崩溃等严重问题。从实际情况看，随着经济社会发展的加快、工作任务量的增大，心理健康已越来越成为干部工作中需要给予足够重视和认真对待的问题。特别是对各级领导干部来说，脑力劳动是领导者的重要工作方式，心理健康是保持较高认知水平和思维能力的必要条件。

当前，一些地方和单位对建立干部心理健康服务体系进行了积极探索，将干部心理素质提高、心理异常问题干预和心理危机事件预防结合起来，出现了服务外包模式，培训中干预模式，组建自己的服务机构模式，党委主导、部门联动、专家业务支撑模式等多种干部心理健康服务模式。但是，由于整个社会对心理健康知识的普及不够，对心理疾病还存在较多社会偏见和误会，亟待形成一套有效的干部心理健康关爱体系。

一是将心理健康纳入干部队伍建设的重要内容。按照"政治上激励、工作上支持、待遇上保障、心理上关怀"的工作思路，以让广大干部"安心、安身、安业"为工作目标，提高对干部心理健康工作重要性的认识，作为激励干部新时代新担当新作为的重要保障措施，纳入干部队伍建设的重要内容和考核指标。同时，传承党的干部工作的光荣传统，继续有针对性地加强干部思想政治工作，建立健全各级组织与干部谈心谈话的长效机制，充分发挥通过谈心谈话及时掌握干部思想动态、疏导心理情绪的作用。

二是大力提升干部心理健康教育的针对性和有效性。培训教育是构建干部心理健康服务体系的重要内容，要进一步深入研究干部的心理动力机制，科学设置授课内容，运用研究式、案例式、体验式、模拟式等教学方式，促进干部心理健康教育入脑入心。此外，针对不同类别干部心理健康和工作压力状况，还可以采取中心组学习、心理健康辅导讲座、心理沙龙、在线自学等方式，帮助干部正确认识自身的心理特点，掌握应对压力和解决心理问题的方法技巧。

三是实行早期预防和危机干预相结合。探索建立干部心理健康评估机制，在公职人员招录工作中，特别是公安、监狱、信访等一线单位人员招录时，增设心理素质测评内容，从源头上保证干部的健康心理素质；在干部选拔任用时，可考虑有选择地增加心理素质测试环节，使干部任职考察更深入；还可以把心理健康检查列入干部年度体检计划，定期对其进行心理体检和评估。探索干部心理援助机制，将心理健康列为平时考察了解的内容，做到早发现、早关心、早干预；对经历突发事件、遭受疾病打击、家庭出现变故，以及长期承担急难险重任务，或者处于焦虑、抑郁状态的干部，要列入心理干预重点对象，实行心理危机预警，进行必要的心理疏导，积极预防和应对。

三、关心关爱实践组合拳招

为深入贯彻落实习近平新时代中国特色社会主义思想，完善干部正向激励工作链条，筑牢干部担当作为、出新出彩的健康屏障，某地制定印发了《关于关心关爱干部身心健康的若干措施》，作为"不忘初心，牢记使命"主题教育的一项制度成果，既为干部加油鼓劲，又为干部减负减压，以组织温情激发干部干事热情，进一步激励干部新时代新担当新作为。

（一）10个方面60余条"干货实招"筑牢干部健康屏障

身心健康是干部干事创业、担当作为的基本条件，保障和增进干部身心健康是关心关爱干部的重要举措。该地在深入调研的基础上，聚焦广大干部特别是基层干部关心关注的实际问题，从健康体检、心理疏导、医疗保健、服务保障、人文关怀、政治生态等10个方面，提出60余条"干货实招"，推动各级用足用好政策红利，夯实筑牢干部干事创业的健康屏障。

（二）健康保障"组合拳"为干部干事保驾护航

在干部体检、医疗保健、重大伤病情处理等方面，进一步创新完善政策，为干部派发一系列健康"大礼包"。例如，在完善体检制度方面，针对以往干部体检讳疾忌医、流于形式等问题，在体检频次、结果运用上进一步落实落细，针对不同岗位特点，设置不同体检项目，实施精准体检，做好跟踪服务。在提升健康服务效能方面，提出推进干部健康保健网格化管理，开展个性化健康教育、诊治咨询等服务，让干部日常保健有人管、有人问。在重大伤病情处理方面，重申领导干部重大伤病情报告制度，并作为一项政治规矩抓好落实，特别是对在工作岗位突发重大疾病、因公发生意外事故的在职干部，全力予以帮扶救助，决不让干部流汗又流泪。

（三）关爱从"心"开始，打造干部"心灵驿站"

注重关爱干部从"心"开始，既有预防之举，又有干预之策，为干部打造缓解压力的"心灵驿站"。一是着眼预防在先，将心理健康评测列为干部年度常规健康体检项目，在干部公开遴选、选拔任用、日常管理等工作中，探索引入心理素质测评，加强干部心理素质状况考察考核，确保人岗相适、人事相宜。二是在心理干预援助方面，开通心理健康服务热线，组建心理保健团队等，及时为干部提供简便易行、专业保密的心理健康服务，突出重点群体、重点岗位、重点时段，注意了解掌握干部身患严重疾病、遭遇重大挫折、经历或参与救援重大灾害（事故）及长期承担急难险重任务等情况，及时进行心理疏导和干预。

（四）加强工作生活保障，为基层干部加油充电

"5+2""白+黑"是基层一线干部的工作常态，他们尤其需要关心关爱。坚持基层导向，为基层一线干部不断"加油""充电"。一是待遇保障上，明确提出破解基层干部工资待遇"倒挂"难题，确保绩效考核奖励区县直机关比市直机关高10%，街镇比区县直机关高10%，将"倒金字塔"扭转为"正金字塔"，真正让广大"地平线"干部受尊重、得实惠，引导优秀干部到基层一线锻炼、去基层一线创业、在基层一线成长。二是生活保障上，针对异地交流干部、挂职干部的实际困难，特别是对长期在艰苦困难地区工作、夫妻长期分居、患重大疾病、家庭出现重大变故、有其他特殊困难的干部，提出深入实施"家庭团聚"关爱工程，努力解决"后顾之忧"。三是在医疗保障上，加强医疗服务能力建设和保健人才队伍建设，定期开展特色义诊，引进高层次专家定期坐诊，让基层干部享受到更加贴心的医疗保健服务。

（五）深化谈心谈话，把干部工作做到"家"

在推进谈心谈话制度上不断创新完善，为干部解心结、卸包袱、添动力，营造"家"的氛围、增添"家"的温馨。一是探索开展各级干部"向组织说说心里话"活动，面对面倾听干部思想上的困惑、工作和生活上的难处，主动帮助干部排忧解难、舒缓压力。二是扎实推进干部"八必谈"，即干部遇到困难挫折时，职务发生变化的，任职试用期满的，有苗头性问

题的，遵守个人事项报告纪律不严的，受到组织处理或党纪政务处分的，结合年度考核和巡视巡察等发现问题的，对干部反馈考核考察、民主评议意见的，要求党组织负责人与干部深入谈心，了解情况，疏通思想，促进工作。三是探索实行干部"家访"制度，将日常考察工作触角延伸到"八小时"之外，通过与干部家属交流，听"知情人"讲"知情话"，既可了解干部家庭家教家风情况，也可摸清干部实际困难，及时传递组织关怀和温暖。

第四节 正向激励体系实践探索以及对科研事业单位的启示

一、实践探索

干部队伍的干事能力和工作积极性直接关系着党的事业发展，在全面从严治党的新常态下，强化干部正向激励机制，提高干部队伍干事创业的积极性、主动性显得尤为重要。

一方面，从激励程序来看，要妥善调整领导干部激励过程的各环节。从激励政策的制定、执行到意见反馈、评估的激励过程，关乎激励机制运行的有效性。坚持问题导向，重点抓住关键环节，以实效化的激励过程推动激励效果的提升。实施短期激励和长期激励相结合的方式，推动激励效果的持续性、常态性。

另一方面，从激励方式来看，要平衡正向激励与严格约束之间的关系，通过强有力的系统举措激发干部干事创业的积极性，维系正向激励与严格约束之间的内在张力。在系统分析干部特点的基础上，实施分层分类分岗位激励机制，采取多元化的激励方式。注重加强人文关怀式的激励方式运用，通过完善和落实谈心谈话制度，增强干部的组织归属感、集体荣誉感和心理获得感。

二、现实思考

在全面从严治党大背景下，如何构建推动干部勤勉干事、担当干事、激情干事的动力机制，成为摆在各级党委和组织部门面前的一个新课题。建立和完善干部的正向激励机制，是强化干部队伍管理，提振干部精气神，激发干部"正向发力"的有效机制。

1. 政治激励给"定力"

"用一贤人则群贤毕至，见贤思齐就蔚然成风。"正确的选人用人导向是对干部最好的正向激励，"设计科学、导向明确、效果明显"的正向激励及制度，将"为担当者担当、让实干者实惠"理念和正向激励机制更加具体化。做好干部培养选任制度的顶层设计，采取公开选拔、竞争上岗、公推比选、竞争任职等方式，使有思路、有干劲、有激情、有贡献的优秀干部得到重用；完善奖惩机制，强化科学发展实绩考核，使党员干部保持持续的压力和动力，永不懈怠。

2. 情感激励给"引力"

"感人心者，莫先乎情。"要坚持严格要求与关心爱护相结合，既要敢于给干部"压担子"，历练其责任担当，又要善于给干部"壮胆子"，合理化容错空间，还要勤于给干部"提领子"，保持其清醒头脑，更要乐于给干部"递袄子"，鼓励其正视逆境。通过在工作上、生活上和思想上的关心关怀，让想干事的同志"有盼头"、能干事的同志"有劲头"、敢担责的同志"有想头"，充分获取干部的情感认同。

3. 待遇激励给"活力"

通过待遇激励给"活力"，激发"正向发力"效应，让干部工作有目标、干事有奔头。要让实干者得实惠。优化完善激励干部新时代新担当新作为措施办法，探索完善更加全面的荣誉表彰体系，全面贯彻落实职务与职级并行制度，严格执行激励性调训、带薪休假、健康体检、探望慰问等制度，真情关爱干部，帮助解决实际困难，关心干部心理健康，对管理干部特别是困难艰苦地区和奋战在脱贫攻坚第一线的干部给予更多理解和支持。

4. 生活关怀给"助力"

彰显人文关怀，唱响齐心"和谐曲"。尊重干部的主体地位和首创精神，尊重和维护干部的知情权、参与权、监督权，提高干部的主人翁意识，注意在消除后顾之忧上下功夫。全方位开展交心谈心活动，有针对性地进行思想互助，帮助释放压力，做好心理疏导。坚持思想上关爱、工作上支持、生活上照顾干部，主动倾听干部呼声，回应期盼，及时了解掌握干部的思想动态，注重解决干部子女入学、家属就业、住房保障等实际困难。

三、工作启示

2020年春节前后，一场突如其来的"新冠肺炎"疫情，给全国各地和社会各界带来了严峻挑战。2月23日，习近平总书记指出，"能不能打好、打赢这场疫情防控的人民战争、总体战、阻击战，是对各级党组织和党员、干部的重大考验。总体看，在抗疫斗争中我们的干部队伍是好的，是经受住考验的，但也有少数干部表现不佳甚至很差，一些领导干部的治理能力和专业能力明显跟不上，必须引起高度重视"。抗击新冠肺炎是对国家治理能力的一次大考，也是对干部担当作为的一次检验，需要引起我们从中对新时代激励干部担当作为工作进行深刻思考（张昊冉，2020b）。

启示一：大力教育引导干部担当作为、干事创业，切实避免"一问三不知"和"不作为、慢作为、乱作为"。

2020年1月29日，中央督查指导组赴湖北黄冈督查询问时，当地卫健委主任对疫情防控情况"一问三不知",引起各级关注、舆论哗然,并被黄冈市委提名免职处理。2月下旬,青岛市纪检监察机关严肃查处并通报了一批防控新冠肺炎疫情工作中不担当不作为乱作为等问题。抗疫期间,这些现象的产生,归根结底还是干部担当作为意识不够、干事创业能力不足、麻痹思想和松劲心态作祟。

敢于担当、主动作为是领导干部的政治责任、历史使命和操守准则。实践充分证明,凡是对习近平新时代中国特色社会主义思想真学真懂真信真用的,就能看清发展大局、找准改革方向、做到攻坚克难。新时代激励干部担当作为,要坚持用习近平新时代中国特色社会主义思想武装干部头脑,不断提升理论修养和政策水平,教育引导干部守初心、担使命,找差距、抓落实,遇到矛盾困难要不躲不闪,面对风云变幻要从容不迫,解决问题要有勇有谋,教育引导干部在位须干事、尽责并求效。

特别是,领导干部作为"关键少数",一言一行、一举一动都会潜移默化影响整个单位和部门,他们既是干事创业的"领头雁""排头兵",更是生态氛围的"风向标""导航仪"。要加强党内政治文化建设,形成互相监督、全员约束的环境氛围,弘扬信仰坚定、对党忠诚、公道正派、为民服务的价值观念;要激发领导干部做好表率示范,高度重视上级对下级、领导对下属的影响力和辐射力,营造以担当作为带动担当作为和各尽其责、各展其长、巧干实效的生动局面。

启示二:鲜明树立重实干重实绩的用人导向,坚持能者上、庸者下、平者让和劣者汰。

要在斗争一线考察识别干部,对表现突出的干部要大力褒奖、大胆使用,对不担当不作为、失职渎职的要严肃问责。疾风知劲草,板荡识诚臣,多名一线基层党员干部在防疫"主战场"武汉被"火线提拔",全国各地也有不少抗疫一线干部由于表现突出获得培养重用或破格提拔。

新修订印发的《党政领导干部选拔任用工作条例》,保持了结构框架和主体内容基本稳定,同时贯彻了新时代新精神,衔接了新政策新规定,吸收了新经验新做法，进一步突出了政治标准要求，增加了激励担当作为和容错纠错有关内容，彰显了人岗相适等精准用人理念。条例关于破格提拔有明确规定，必须政治素质过硬、德才表现突出、群众公认度高，并在关键时刻或者急难险重任务中经受住考验、作出重大贡献等。与时俱进的条例制度，加上突如其来的疫情考验，产生了一幕幕精准动人的考察识别，必然烙下独特深刻的选人用人实践印记。需要强调的是，干部"火线提拔"与正常晋升虽有不同，但本质并无区别：既要综合分析研判干部的一贯表现和岗位匹配度，也要重视民意评价和群众口碑。

用一贤人则群贤毕至，见贤思齐就蔚然成风。选什么人就是风向标，就有什么样的干部作风。要鲜明树立重实干重实绩的用人导向，坚持好干部标准和"事业为上"，大力选拔使用平时日常各方面条件过关且关键时刻站出来、冲上去、扛重担的干部。要注重从精神状态和作风状况中考察干部，既要花时间、下功夫了解平时表现，又要抓关键、看主流分析特殊阶段贡献，立体全面地考察识别干部。要突出实绩贡献导向和"有为才能有位"，对不担当不作为的干部，根据具体情节予以组织调整或免职降职，唯有以"下"促"干"，才能倒逼转化形成干事创业的动力。

启示三：切实为敢于担当的干部撑腰鼓劲，满怀热情关心关爱干部，为担当者担当，为负责者负责，为正气者正气。

抗疫期间，全国各地陆续出台有关制度关心关爱一线抗疫干部，加强走访慰问、典型宣传和表彰问责。同时，在防控和复工两手抓过程中，一张赫然盖了8个公章的某企业复工申请表也引人深思：如果不加区分地在抓复工和防感染之间搞"一票否决"，只要有感染就要问责，会打击地方领导干部干事创业的积极性，以致决策时犹豫不定、干事时敷衍推诿。

改革创新发展的过程中，稳定任务虽至关重要，但风险挑战也前所未有，没有实践经验可供借鉴的现实条件下，我们只能在探索中匍匐前进，在碰壁中总结改进。党的十九大报告指出，旗帜鲜明地为那些敢于担当、踏实做事、不谋私利的干部撑腰鼓劲。

一方面，要想消除干部干事作为的后顾之忧，就要深刻剖析干部是不是出以公心、集体决策和清正廉洁，是不是明知故犯、明令禁止后依然我行我素和谋取私利的违纪违法行为。同时，还要注重容错结果的运用，牢记容错不是最终目的，重点在于亡羊补牢、及时止损、总结教训和促进提高。另一方面，要想激励干部不懈奋斗的浓郁氛围，就要做到严管和厚爱相结合，在制定政策、落实政策、关心关爱上下功夫，注重政治上激励，拓宽干部成长渠道和发展平台；注重工作上支持，做实谈心谈话和放权松绑；注重待遇上保障，完善工资奖金制度和表彰激励办法；注重生活上关怀，落实休假休养和身心关爱，特别要给予艰苦困难地区的一线干部更多理解支持和政策倾斜。

党的政治路线实现过程中，干部是依靠力量和决定因素。要按照建设高素质专业化干部队伍要求，对干部业务水平强化提升，对干部多岗锻炼统筹安排，帮助补弱项、齐短板、强复合，切实解决能力不足"不会为"等问题，涵养担当作为的底气和元气。要突出专业水准和以事择人，秉承"不一则不专，不专则不能"等理念，加强专业知识培训，提高专业思维素养，推动专业特长本领和改革创新本领、群众工作本领、狠抓落实本领、驾驭风险本领等有机结合，实现促进干部砥砺品质和增长才干。

在新时代激励干部担当作为的形势要求下，坚持正确选人用人导向激励干部，广泛宣传先进典型带动干部，落实能上能下用好干部，做到满怀热情关爱干部，切实通过激励干部担当作为的实招硬举彰显中国特色社会主义的制度优势和国家治理能力的现代化水平。

参考文献

曹佳璐，2020. 谈新形势下如何加强干部监督工作［J］. 法制博览（11）.

陈进，王瑞旭，2010. 高层管理团队研究综述［J］. 中国管理信息化（1）：78-81.

陈理，2019. 深刻理解新时代的依据、内涵和意义［J］. 党的文献（3）：3-15.

陈孝胜，2020. 高校高素质专业化干部队伍建设问题及对策［J］. 科学咨询.

陈智，2016. 浅析我国古代官吏的选拔和考核制度［J］. 法制与社会（8）：11-12.

戴晓曙，2019. 关心关爱干部心理健康的实践创新［J］. 中国党政干部论坛（1）.

邓绍兴，2012. 人事档案的历史沿革［J］. 中国人才（6）：6-9.

方振邦，侯纯辉，陈曦，2016. 美国联邦政府高级公务员绩效考核体系及借鉴［J］. 国家行政学院学报（2）：128-132.

甘玉婉，2020. 安徽省基层干部容错机制问题与对策［D］. 合肥：安徽大学.

宫庆新，2013. 中外档案定义研究述论［J］. 山东理工大学学报（社会科学版）（4）：97-102.

胡修银，栗亚军，2007. 管理人员胜任特征理论研究综述［J］. 长江大学学报（社会科学版），30（6）：83-86.

李玲，程建华，2019. 以素质培养体系为导向 建设新时代"忠诚干净担当"的干部队伍——以浙江省临海市为例［J］. 中共乐山市委党校学报.

李争杰，2019. 明代文官赏赐研究［D］. 开封：河南大学.

李志，兰庆庆，何世春，2018. 习近平关于新时代干部队伍建设论述的思想蕴涵［J］. 重庆大学学报（社会科学版）.

参考文献

马迪，2018. 浅析信息时代下的档案管理工作［J］. 神州（上旬刊）
（9）：291.

倪丽丽，2013. 中国古代"吏治"及其当代启示研究［D］. 曲阜：曲阜师范大学.

牛冲槐，林枭，郭英坤，2009. 团队管理研究综述［J］. 山东工商学院学报，23（6）：60-65.

牛聪，2020. H省县（市、区）委书记考核中群众满意度测评存在的问题及完善策略［D］. 石家庄：河北师范大学.

尚辰，于大伟，2019. 加强农业科研院所中层干部队伍建设的思考［J］. 理论观察（2）：80-82.

石岱，2019. 加强干部选拔任用监督营造风清气正用人环境［J］. 党建研究（12）.

舒畅，2019. 新时代人民获得感提升对策研究——以党的十八大以来我国反腐成效为例［D］. 湘潭：湘潭大学.

万能武，屈胜喜，2019. 构建"五大体系"锻造新时代军队高素质干部队伍［J］. 党政干部论坛（2）.

王莉，2019. 试论激励机制在事业单位人力资源管理中的作用［J］. 人力资源（12）.

文华，2011. 国内行政管理人员胜任力模型研究综述［J］. 科技管理研究（19）：154-157.

吴玲，2016. 合作学习在高校思想政治理论课教学中的运用［J］. 学校党建与思想教育（下）（6）：59-60，63.

晓山，2019. 新时代领导干部要善用识人用人方法［J］. 中国井冈山干部学院学报，12（2）：115-119.

徐瑶，2017. 加强中国共产党思想道德教育的有效性探析［J］. 世纪桥（10）：41-42.

薛瑞汉，2017. 建立健全干部改革创新工作中的容错纠错机制［J］.

中州学刊（2）：13-17.

颜文安，2019. 当前干部人事档案管理存在的问题及策略［J］. 办公室业务（14）：167-168.

杨立平，2016. 干部正向激励的经验、问题及对策研究［J］. 中国延安干部学院学报，9（2）：61-67.

张昊冉，2020a. 新时代做好农业科研单位选人用人工作的思考［J］. 农业开发与装备（7）.

张昊冉，2020b. 抗击新冠肺炎对激励干部担当作为的启示［J］. 管理观察（26）.

张昊冉，厉云莹，龚殿，2019. 开展优秀年轻干部发现、培养和使用的工作路径［J］. 决策探索（下）（12）：37.

张绍荣，2015. 试析高校中层干部考核评价体系的立体建构［J］. 学校党建与思想教育（12）：61-63.

中共福建省委组织部，2019. 全面加强干部日常管理监督工作［J］. 党建研究（11）.

中共湖北省委组织部，2018. 强化源头培养跟踪培养全程培养　全面提高干部队伍素质［J］. 党建研究（9）：42-44.

周庆智，2020. 让基层干部身心得安，重塑进取心［J］. 人民论坛（z1）.

编写体会

在本书中，我主要负责第二章《理论与概念阐述》的部分内容。在谋篇布局之前，我花了大量时间琢磨这章内容应该写些什么，目的是既能破题把"新时代科研事业单位管理干部队伍建设"是什么、为什么要研究这个命题讲清楚，又能为下文详述"五个体系"具体内容、实践操作、启示意义等打牢基础、做好铺垫。根据本书标题及内容主线，我计划把"新时代""科研事业单位""管理干部队伍建设"等概念拆开进行阐释，从当前背景下试论"五个体系"提出的时代意义、相互联系和内涵。在确立好该从哪些角度入手后，我搜集、整理、阅读了大量参考文献，内容覆盖了建设高素质干部队伍的时代意义，古今中外关于干部培养、考核、选拔、管理、激励等干部队伍建设的方法手段和使用效果等等。通过对文献的理解和消化，我结合自身的工作感悟，最终融会贯通形成了本章内容。

在编写过程中，我系统学习了十八大以来，党和国家领导人关于组织工作的思想和论述，重点学习了如何运用"五个体系"建设忠诚干净担当的高素质干部队伍。通过回忆和梳理近年来在人事管理工作中经办的业务和遇到的问题，发现林林总总、大大小小的工作都可以被"五个体系"囊括，也可以被"五个体系"所解决。从前端的干部选拔到过程中的培养、监督、激励，再到末端的考核，均有了清晰的、可遵循的行为轨迹和操作指南。在编写过程中，我通过广泛查阅国外公职人员管理以及中国古代"治官"思想和制度，也大大拓宽了我对管理干部队伍建设的横向视野和纵向认知，在研究过程中也建立了"溯源"的意识。感恩这次全情投入的编写过程，它既是对我过往工作一次及时的总结和思考，也极大地丰富了干部管理工作的理论积累和知识储备，为未来继续开展组织工作提供了清晰的指引和坚定的信心。

（执笔人：周瑶婵）

编写体会

在本书中，我主要负责第三章《素质培养体系建设》的部分内容。第一节内容包含了"高素质专业化干部队伍的时代内涵""建设高素质专业化干部要求""大力做好年轻干部工作要求"，在搭框架的时候，大概思路是找准一个切入点也就是本节内容的主题，从这个切入点展开，首先是阐述这个主题，然后围绕这个主题，从内外因素找出问题、分析问题、解决问题。本节内容以"高素质"与"专业化"为切入点，分别从时代内涵、基本要求、保障措施等方面进行了理论阐述。第二节内容为"如何做好源头培养"，"源头培养"这个词很简单也很新，"简单"是因为"源头"这个词容易理解，过多的赘述会给人"太牵强"的感觉，"新"是因为它跟"培养"结合，构成了一个新的词组。新词组含义丰富，纵横不好把握，横向可以理解为思想根源塑造，纵向可以理解为早期素质教育等等。本节选择了前者，分别从理解源头培养和落实源头培养展开了论述。

在撰写过程中，我学习了党和国家领导人有关干部队伍建设的重要思想论述，增强了业务理论知识储备，巩固了干部工作基本程序、基本理论，掌握了干部选拔培养的基本要素。写作思考也是对业务工作的梳理和总结，使得工作思路更加清晰、受益匪浅。

（执笔人：彭宝丰）

从接到编写任务到交稿，经过历时1个月的撰写和修改，我对书籍编写有了更深的认识，以下是我在编写过程中的一些心得体会。

编写提纲是由我们的主编拟定，我需要根据提纲进一步填充内容。填充内容不是机械的堆砌素材，而是结合相关资料，围绕每节的主题进行充分论述。填充内容要注意思路清晰、富有条理、前后衔接、详略得当。内容充实后，要逐字逐句反复修改，做到文风统一、用词精准、精辟凝练。我负责知事识人体系建设部分的一半内容，因为内容很熟悉，我当时也没多想就接下了任务。开始时，我按照自己的逻辑体系写那部分内容，等到写的时候，才发现突然肚子里知道一些知识很难用文字表达，并且有些素材很难取舍，那时才发现写书真是个技术活。不过我仍然咬紧牙关，进一步完善该节内容的提纲，明确了各部分的逻辑体系及各部分的过渡关系。

在编写过程中，我发现自身存在很多问题，其中最大的问题是工作经验缺乏，无法结合自身经验进行写作，而是依据他人的口授经验和参考网络材料进行写作，体验不够深刻、写得不够深入，对自己熟悉的部分写得很多、不了解的部分写得很少。其次，我的逻辑思维不够缜密，写作条理不够清晰，重复的赘述极其挑战读者的耐心。再次，创新不足、平铺直叙、形式单一，难以激发读者兴趣。我殚精竭虑也想不出一个内容的多种写法。实话实说，写书真的很熬人，写书的过程就是摧残脑细胞的过程，其间我会发神经似地揣摩句子与句子和整个篇幅的关系，还要考虑表述是否恰当。时间总是安排不出来，频繁的出差，给我的写作带来极大的拖累。再加上公务繁忙，基本上一回家就扑在电脑写作上，其他闲事全然顾不了。再次感谢项目组给我提供参与编写的机会。

（执笔人：龚殿）

编写体会

在本书中,我主要负责第五章《选拔任用体系建设》的部分内容。接到项目撰写任务后,我便问了自己:要围绕什么主线展开撰写?从哪些角度去切入适合这次主题?经过前期的资料收集,开展查新工作,了解国内研究现状以及党和国家领导人的相关论述后,我着手从以下几个方面展开任务:首先,讲清楚什么叫做好干部,它的明晰界定是什么?随着时代的发展,党事业发展的要求是否赋予了它不同的含义,如找的资料充裕的话,还可以描述好干部从古到今、从近代到现代时间轴线的演进,将这一概念论述清楚。其次,自己理解的干部工作是一项讲政治、讲奉献的工作,因此在编写时应紧绷着对标党性、原则和甘为人梯的强烈意识,在此基础上结合习近平总书记的论述和自身工作经历,展开怎么成长为好干部的撰写。最后,将选拔配备好干部这章,划分为干部选拔任用的制度演变、工作原则以及资格条件。经过以上三个方面的论述,形成一个立体性的章节,把"从哪来、是什么、到哪去、怎么做"的选拔任用体系建设讲清楚。

在撰写的过程中,我学习了习近平总书记的系列讲话,补充了关于培养和选拔干部方面的知识,也是自己的再学习和重温的过程。培养和选拔配备好干部是干部工作的重要环节,也是一项长期的系统工程。习近平总书记强调,"干部培养,不能搞大水漫灌,更不能任其自然生长,要精耕细作,加强田间管理"。干部工作,既要对好干部进行精准分类,实施"精准滴灌",也要坚持用人的导向,强化人岗匹配性,始终坚持好干部标准选人用人的标准。而如何"精耕细作",加强"田间管理"、选准配优,就是我们撰写选拔任用体系建设章节的意义所在。目前,我工作的单位危机意识强烈,加快了向外走的步伐,在这个过程中,应增强好干部的担当精神、迎难而上的勇气,选拔配备始终坚持事业为上、人岗相适、人事相宜的原则,顺利实现"一个中心,五个基地"的干事创业目标。未来依旧属于那些不驰于空想、不骛于虚声,奉行"干在实处、走在前列"的工作追求,确保具体工作落地生根、落到实处的好干部。

(执笔人:游凌翔)

在本书中，我主要负责第六章《从严管理体系建设》的部分内容。虽然之前有直接从事干部人事档案管理工作经历，但绝大时候仅停留在具体工作，没有进行系统梳理。在接到编写任务后，我通过查阅大量文献资料，系统梳理了档案的定义、作用以及发展历程。在理清档案来龙去脉后，我花了一定的时间谋篇布局，既参考了前人研究成果，又结合了自身从事干部人事档案工作所思所想，将本节划分为五个板块。第一个板块为档案的定义，一方面，结合国内外学术界的不同观点，简述了档案释义的背景；另一方面，结合我国档案的历史含义、现行定义以及档案载体的演变，讲述了档案定义的历史过程。第二个板块为干部人事档案的发展和管理，一方面，引出编写的"主角"——干部人事档案，从干部人事档案管理的"三个阶段"，阐明了干部人事档案发展和管理的变化；另一方面，分析了干部人事档案的内容、分类以及《干部人事档案工作条例》的新旧对比，让读者对干部人事档案有更直观、更清晰的认识。第三板块为规范干部人事档案工作的重要性，此版块采用"从大至小"的方式逐步剖析了规范干部人事档案管理工作的重要性。第四板块为干部人事档案管理工作中存在的问题，此版块是较为难写的，经过查阅文献以及与同行探讨，最终形成了"六大主要问题"。第五板块为科研单位规范档案管理工作的思考和启示，此版块是本节内容里最核心的部分，也是目的所在，旨在为规范干部人事档案管理提供些许参考。

我很荣幸有机会参与此次编写工作。在编写过程中，我系统学习了档案，尤其是干部人事档案管理相关知识。这大大拓宽了我的知识面，弥补了之前工作中存在的不足，也为今后从事干部人事档案管理工作提供了遵循。最后，再次衷心感谢项目组，让我有机会参与本书编写；感谢各位成员、同事在编写过程中对我无微不至的帮助。

（执笔人：唐语琪）

编写体会

在本书中,我主要负责第六章《从严管理体系建设》的部分内容。在写作过程中,我查找了大量的书籍和资料,深入学习《关于进一步激励广大干部新时代新担当新作为的意见》,始终以学习贯彻习近平总书记系列重要讲话精神为指引,不断增强政治意识、大局意识、核心意识、看齐意识,着力推动干部工作规范化、精细化。在编写过程中坚持以下三个原则。一是政治引领,即以习近平新时代中国特色社会主义思想统领全章,坚决维护习近平总书记党中央的核心、全党的核心地位,坚决维护党中央权威和集中统一领导。二是与时俱进,即实时将国家最新的政策、会议、领导讲话融入其中,不断更新完善,贯彻落实新发展理念,坚持打赢脱贫攻坚战。三是把握规律,即对从严管理干部工作中的政治引领、职能特点、方式方法等进行剖析总结、理性思考和理论概括。

干部队伍是加快科研院所改革创新发展的重要支柱和力量,应在干部选拔任用中严格落实组织系统谈心谈话、年度考评等制度,通过组织请谈、个人约谈、上门访谈等形式,及时掌握干部思想动态,对出现的苗头性、倾向性问题早提醒、早扯袖、早纠正,引导干部增强纪律观念、强化规矩意识,让干部在成长过程中不跑偏、不越轨。坚持从严监督管理,深入整治庸政懒政怠政、不担当不作为等问题,推动能上能下机制,使干部始终保持如履薄冰、如临深渊的警觉,自觉做到不忘初心、牢记使命,踏实工作、勤政为民。同时加强对青年干部的培养工作,全面贯彻党的十九大和十九届四中、五中全会精神,突出"选、育、用、管"四大环节,精准识别、培养、使用、管理青年干部,真正让青年干部队伍炼起来、素质能力本领提起来、实干担当风气树起来,促使一批年轻有为、充满活力的青年干部成长成才。

(执笔人:那晴)

在本书中，我主要负责第七章《正向激励体系建设》的部分内容，此书中的"激励保障机制"章节从激励的意义、激励的作用、存在的问题、开展策略、实践探索五个方面阐述了激励保障机制构建的重要性。在动笔之前，我一直思考到底什么是激励，怎么去激励。激励主要包括精神激励、薪酬激励、荣誉激励、工作激励等几个方面，一般科研事业单位主要分成三种类型的人员，即管理人员、科研人员、工勤人员，此章节主要着重对管理人员的激励机制构建进行阐述，通过建立激励机制盘活单位日常运转机制，提高管理工作效率和效能，以管理促发展，单位发展得好必然会让全体职工共享改革发展红利。我通过对相关文献的搜集、整理、阅读，同时结合所在部门的工作经历，确定了提纲和内容，最终形成文稿。

通过对激励概念的理解和对案例的分析，我逐步形成了自己的一些想法，希望借此机会和大家共同探讨，通过编写此书，我也系统地归纳和整理自己的思想。在知识经济和经济全球化时代，我们必须提高自身人力资源管理水平，才能适应单位发展和社会竞争的需要。有幸能参与此书的编写，让我有动力和机会结合自己本身的工作性质去思考，极大地丰富了我对未来管理工作的理论积累和知识储备，同时也希望此书能让更多的同行一起来探讨未来管理工作的发展方向，让更多人能给予我指导和帮助。

（执笔人：王思俊）

编写体会

在本书中，我主要负责第七章《正向激励体系建设》的部分内容。党的十八大以来，党和国家事业取得历史性成就、发生历史性变革，其中一条很重要的经验就是坚持问题导向，把解决实际问题作为打开工作局面的突破口。写书也是如此，如何把握本章节的核心观点，娓娓道来又不失新意，着实要下一番功夫。一是在开始编写之前，我认真思考了这个问题：我想要被给予怎样的正向激励？从自身给出的答案摸索起，从一个普通的管理干部的角度出发，开始尝试探索广大干部的共性需求。二是以正向激励为关键词，搜集、整理、阅读了大量参考文献。前人的研究结果给我提供了莫大的帮助，让我从感性、直观是认识上升到理论层面，能够深入建设正向激励体系。三是为着重编写"容错纠错机制"和"正向激励体系实践探索以及对科研单位的启示"部分，认真领会了党的十九大报告提出的严管厚爱结合理念，认真学习了中共中央办公厅印发《关于进一步激励广大干部新时代新担当新作为的意见》，结合科研单位实际提出具体可行的操作办法。

干部成长是循序渐进的过程，干部诉求也会产生各种阶段性变化，所以正向激励不能拘泥于短期效应，必须发挥长效作用，在某个阶段可以采取以物质激励为主的短期激励，但对于干部队伍建设来说，必须采取精神激励和政治激励为主的长效激励。编写过程中，难免会遇到瓶颈，但几番折腾后的收获让这些艰辛都变得值得。非常感谢在此过程中，项目组成员和同事对我的帮助及信任，以及做好的榜样和给予的鼓励，我想这也是一种变相的"正向激励"。通过参与这次编写工作，我对干部管理工作有了新的认识和体会，对正向激励体系问题方面的解决措施也有了初步研究。由于本人理论知识水平和学术研究能力有限，对一些问题的剖析还不够深入和全面，希望各位同行、专家们不吝指正。

（执笔人：韩玉娜）